OS SEIS CAMINHOS DO AMOR

COLEÇÃO

ALEXEY DODSWORTH

OS SEIS CAMINHOS DO AMOR

E as infinitas possibilidades
de trilhar a sua história

1ª edição
Rio de Janeiro-RJ / Campinas-SP, 2012

Editora: Raïssa Castro
Coordenadora Editorial: Ana Paula Gomes
Copidesque: Anna Carolina G. de Souza
Revisão: Tássia Carvalho
Projeto Gráfico: André S. Tavares da Silva
Capa e Ilustrações do Miolo: Daniel Durão
Edição Personare: Luciana Ramalho
Imagens da Capa e da página 199: iStockphoto

Copyright © Verus Editora, 2012

ISBN: 978-85-7686-200-0

Direitos reservados em língua portuguesa, no Brasil, por Verus Editora.

Nenhuma parte desta obra pode ser reproduzida ou transmitida por qualquer forma e/ou quaisquer meios (eletrônico ou mecânico, incluindo fotocópia e gravação) ou arquivada em qualquer sistema ou banco de dados sem permissão escrita da editora.

Verus Editora Ltda. Rua Benedicto Aristides Ribeiro, 55, Jd. Santa Genebra II, Campinas/SP, 13084-753 | Fone/Fax: (19) 3249-0001 | www.veruseditora.com.br

CIP-BRASIL. CATALOGAÇÃO NA FONTE
SINDICATO NACIONAL DOS EDITORES DE LIVROS, RJ

M176s

Magnavita, Alexey Dodsworth, 1971-
 Os seis caminhos do amor / Alexey Dodsworth Magnavita ; [ilustrações: Daniel Durão]. - 1.ed. - Campinas, SP : Verus, 2012.
 il. ; 21 cm

 ISBN 978-85-7686-200-0

 1. Relação homem-mulher. 2. Amor - Filosofia. 3. Amor - Aspectos psicológicos. I. Título.

12-5487
CDD: 306.7
CDU: 392.6

Revisado conforme o novo acordo ortográfico

Impressão e acabamento: Prol Editora e Gráfica Ltda.

AGRADECIMENTOS

Este livro só se tornou possível graças a diversas pessoas, e a elas o dedico. Em primeiro lugar, gostaria de agradecer à Luciana, do Personare, e à Anna Carolina, da Verus Editora, pela incansável disposição para revisar meus textos. Este livro tem um pouco de vocês nele, garotas, obrigado!

Ao Bruno, à Carol e ao Daniel. Anos atrás tivemos uma ideia que parecia maluca e ela deu mais que certo. Acredito que isso se deve não só à coerência de nossas intenções como também – e principalmente – ao amor que colocamos em tudo o que fizemos juntos. Ao Daniel, um agradecimento especial por ter "vestido" este livro. E à Carol, que resolveu o problema do nome da criança, liberando-me da angústia. Um beijo para você.

Algumas pessoas são indiretamente responsáveis pela materialização deste texto e a elas ele também é dedicado. A Leonardo Chioda, pelo constante estímulo e amorosa boa vontade para ler meus esboços iniciais com seu olhar poético e invulgarmente inspirado. Sem você, este livro não teria acontecido. A Yolanda Glória Gamboa Muñoz, que nem sabia que eu estava escrevendo este texto, mas me contaminou com o vírus da filosofia com sua notável capacidade de contar histórias. A Renato Janine Ribeiro, meu orientador do mestrado e amigo, pelo constante exemplo de justiça e compromisso com a busca da verdade e pela imensa paciência para lidar com minha inclinação dispersiva. A Valdenir Benedetti, que não se encontra mais entre nós, mas está fortemente presente nas páginas a seguir. Nunca alguém insistiu tanto para que eu escrevesse um livro solo. Demorou, mas saiu,

Val, e você estava em meus pensamentos a cada página que escrevia. "O que Valdenir argumentaria?", era uma pergunta que eu me fazia constantemente. Um agradecimento especial também ao amigo Oscar Quiroga, por quem nutro imensa admiração, por ter topado apresentar esta obra ao leitor.

Por fim, este livro é dedicado aos amantes – sejam quem forem e estejam onde estiverem. É um livro dedicado a pessoas reais, de carne e osso, que erram e tentam acertar. É um livro dedicado a você que me lê, em toda a sua perfeita imperfeição ao trilhar os seis caminhos do amor, fazendo-os infinitos por meio de sua história única e singular.

SUMÁRIO

Prefácio 9

Introdução 13

Parte 1 FILOSOFIA DO AMOR

1 Alma gêmea: o amor como objeto externo 25

2 Pandora e a esperança 33

3 Conjugação verbal astrológica:
   saber, querer, ousar, calar 44

4 Jogos de fuga 59

Parte 2 UMA PSICOLOGIA DO AMOR

5 As seis faces do amor 73

6 *Pathos*: o amor paixão 83

7 *Pragma*: o amor conveniente 96

8 *Philia*: o amor amizade..114

9 *Ludus*: o amor jogador... 126

10 *Agape*: o amor compassivo.. 137

11 *Eros*: o amor carnal 152

12 Faces do amor em desequilíbrio: como agir? 172

Parte 3 ASTROLOGIA DO AMOR

13 A anatomia simbólica da natureza........................... 189

14 O amor conjugado pelo fogo 208

15 O amor conjugado pelo ar... 221

16 O amor conjugado pela terra.................................... 235

17 O amor conjugado pela água.................................... 250

18 Elementos astrológicos e os tipos mistos................ 263

Conclusão: Traçar infinitas histórias.................................. 285

PREFÁCIO

> Os humanos são miseráveis, porque não sabem ver nem entender os bens que estão a seu alcance.
>
> *Aforismo pitagórico*

Por meio deste livro, o autor cumpre de forma primorosa seu ofício, tanto de astrólogo como de filósofo. Em primeiro lugar, destruindo impiedosamente as ilusões e, depois, nos exortando a abandonar toda esperança, atitudes fundamentais para abordar um tema tão ansiado por todos: o amor.

À primeira vista, isso pode parecer um paradoxo, pois não é o que se espera – pelo menos não de um livro que provavelmente será classificado como autoajuda e disposto nas livrarias junto a inúmeros outros títulos que seduzem os leitores com receitas e fórmulas para encontrar o grande amor e o sucesso, mas que, pelo andar da carruagem, não demonstram ser tão eficientes quanto proclamam. Este livro se propõe a esclarecer o amor, pois "a autoajuda contemporânea termina por ser perversa em sua ingenuidade", como bem aponta o autor. Quando o tema é importante, e sem dúvida o do amor o é, vale a pena dizer a verdade, sem medo de que ela possa vir a ser questionada, mas com o intuito de elevar o raciocínio a uma dimensão na qual, no mínimo, todo questionamento sirva ao esclarecimento, e não ao mero exercício das opiniões.

O sociólogo francês Alain Ehrenberg bem disse que a era pós-moderna teve início numa quarta-feira à noite, em um outono da década de 1980, quando, em um *talk show* com audiência de seis milhões de telespectadores, uma mulher chamada Vivienne declarou nunca ter experimentado um orgasmo durante seu casamento com Michel, devido à ejaculação precoce do marido. Nesse momento, os meios de comunicação passaram a servir como uma espécie de confessionário para que o até então privado se tornasse público. Alexey faz bom uso dessa tendência, ilustrando sua ideação e conduzindo o raciocínio do leitor mediante os exemplos oferecidos pelos participantes do Fórum Personare. Eis uma dupla razão para ler este livro e enriquecer-se com ele, pois o autor não apenas o conduzirá pelo terreno árduo do esclarecimento filosófico – já que, como ele próprio diz no capítulo 2, "condição fundamental para atingir essa tal felicidade é abandonarmos a esperança" – como você também encontrará alimento para o motivo banal, porém eternamente inconfesso, de espionar a vida alheia, descobrindo, inclusive, que não é tão alheia assim.

Trata-se de um livro em que o amor não apenas ousa dizer seu nome como também nos leva a descobrir que essa tão desejada dimensão tem seis nomes. Essa é uma questão crucial que honra o título, pois o autor nos conduz a, em vez de continuar "pisando na jaca" em nome do amor, lhe atribuir os nomes certos e ver como se transformam as relações. E o que acontece é que, contrariando a grande expectativa de originalidade e autonomia que caracteriza o espírito de nossa época, acabamos descobrindo que, guardadas as diferenças de nome e endereço, todos passamos pelos mesmos tormentos e alegrias, o que nos induz a pensar que o amor é uma dimensão que nos precede e vai continuar existindo depois de termos deixado de respirar, mas mesmo assim todos que dela participam a personalizam, tornando-a sua e de mais ninguém.

No entanto, sendo o amor uma dimensão que nos precede e a nós sobrevive e ainda extremamente associada à felicidade, requer o trabalho da filosofia para ser mais bem administrada, já que é para isto que serve esse conhecimento: "para nos ensinar as condições da felicidade antes que seja tarde demais", pois o amor vai sobreviver a nós, mas é provável que não sobrevivamos a ele.

O coração deste livro está nos seis nomes do amor e nas experiências que o leitor atento facilmente identificará, encontrando no percurso preciosidades que o ajudarão a erguer o véu da ilusão e deparar-se com uma intimidade comum à espécie humana, sendo por isso menos íntima do que imaginamos e mais pública do que talvez desejemos. Mas não tema essa descoberta – ela poderá ser útil, principalmente quando, depois de ter se deparado com a complexidade do assunto, você se perguntar se há qualquer perspectiva de equilíbrio, como bem faz o autor.

Depois de conduzir a leitura pelos seis mundos do amor, Alexey brinca de avaliá-los a partir de dados astrológicos. Aqui você encontrará motivos para brincar também e descobrir, como é próprio da astrologia, que parte do universo você melhor representa e como é sua situação em relação às outras partes, tanto quanto que tipo de intervenções lhe serão mais propícias, enquanto quais outras lhe seriam adversas.

O universo, dizia Pitágoras ou algum de seus seguidores, é uma harmonia de opostos. Eu me atreveria a agregar a essa afirmação o fato de estar em contínua mutação. E Jung diria que ninguém pode ser completo neste mundo, mas que o mundo em si é completo.

O equilíbrio da experiência amorosa não se dá normalmente no indivíduo, mas no universo em que ele se insere. Porém, se o indivíduo tiver vontade de sabedoria, se empenhará em se identificar com o universo e se transformará em representante deste, alcançando o equilíbrio que de outra forma lhe estaria vedado.

Não sei se é bem essa a mensagem que Alexey tenta transmitir, suspeito que não, mas todo escrito, uma vez publicado, deixa de ser do autor e se transforma em algo de que nós, leitores, temos o direito de nos apropriar para fazer nossas próprias especulações. Desejo que você também faça as suas, para se libertar das ilusões e aproveitar a experiência amorosa em toda sua intensidade e extensão.

Oscar Quiroga
Astrólogo

INTRODUÇÃO

Abandonando a esperança

Quem, por amor, nunca foi ao inferno? Dante Alighieri já. Alguns anos depois da morte de sua amada, Beatriz, o escritor italiano compôs *A divina comédia*, obra na qual relata uma jornada espiritual pelo inferno, pelo purgatório e pelo paraíso. Nessa jornada, ele reencontra Beatriz, sua guia nos reinos mais elevados. Assim como Dante, a maioria de nós já viveu situações de perda ou rejeição e passou uma temporada nos reinos sombrios da dor. Nem todo mundo, contudo, fez disso poesia. É preciso sabedoria para converter experiências de perda em arte.

Em seu relato mítico, Dante diz existir um texto nos portais do mundo inferior advertindo: "Abandonai toda esperança vós que aqui entrais". Nunca consegui entender como tal frase poderia figurar nas portas do inferno, considerando que tudo o que nos resta em um lugar assim é justamente a esperança. A expectativa de que a misericórdia divina se manifeste e o sofrimento um dia acabe. Faria sentido, isso sim, abandonarmos a esperança ao adentrarmos os portais do paraíso. Afinal, em um lugar onde o bem impera absoluto, não seria preciso esperar, aspirar ou desejar nada. Mesmo quem não é religioso já deve ter tido contato com uma passagem específica da obra de santo Agostinho: "No Reino dos Céus já não haverá esperança, pois nada mais há a esperar; já não haverá fé, pois conheceremos Deus; não haverá mais que a verdade e o amor".

Ora, pensei ao lembrar de Agostinho, então é o contrário! Para adentrar o reino do amor, é preciso deixar para trás toda a esperança. Ou, pelo menos, a esperança *em um sentido específico*, que é o do "querer impotente", o sentido do desejo cuja realização ignoramos se é ou não viável. Bem sei que entender isso é difícil em um sentido geral (e voltarei a esse ponto muitas vezes ao longo do livro), afinal para a maioria de nós a esperança é algo bom, e seu oposto, o desespero, é um termo que utilizamos para nos referir a um sentimento horrível, que nos tira as forças. Há, todavia, mais de um sentido para muitas palavras, e o alicerce deste livro se pauta na diferenciação – importante, segundo diversos filósofos – entre os termos "desejo" e "esperança". Eles não são a mesma coisa, conforme você terá a oportunidade de entender.

Amor substantivo e amor como verbo

Este é um livro sobre o amor, mas aqui é preciso pontuar algumas diferenças.

Há um amor, que é o que a maioria *espera*, convertido em substantivo abstrato, metamorfoseado em algo externo que nos falta. Um amor que queremos, mas não sabemos se teremos, que nos atormenta pelo medo da perda quando o alcançamos. Um amor, enfim, cantado em prosa e verso e tema central de incontáveis músicas populares. Oscilando entre o sofrimento de não tê-lo e o tédio ou medo que sentimos ao alcançá-lo, esse amor "substantivo" não está em nós. É externo, abstrato, impalpável e *transcendente*.

Mas há um amor ainda pouco compreendido, um amor feito verbo, responsabilidade exclusivamente nossa, pois não depende de nada exterior além de nossa própria vontade. É um amor que efetivamente existe em nós, e, para que se manifeste, é preciso evoluir em sabedoria. Estou ciente de que o verbo é "amar", e não "amor". Mas não estou aqui me referindo ao verbo cuja conjugação é fácil, bastando abrir a boca para recitá-lo: eu amo, tu amas, ele ama, nós amamos, vós amais, eles amam. Não faltam exemplos de conjugações levianas: há quem diga "eu te amo" só da boca para fora.

O amor feito verbo é uma referência proposital ao Evangelho de João, no qual podemos ler: "No princípio era o verbo [...], e o verbo era Deus [amor], [...] e o verbo se fez carne e habitou entre nós". Mesmo sem partilhar de determinada fé, não somos impedidos de perceber a beleza e algumas implicações filosóficas profundas contidas em seus livros sagrados. Clarice Lispector, que não era nada religiosa, disse algo parecido ao que vemos no Evangelho de João. Diz ela: "Tudo no mundo começou com um sim. Uma molécula disse sim a outra molécula, e surgiu a vida". Os dois casos se referem a uma materialização do amor. O verbo divino se faz carne (somos todos nós), segundo o apóstolo João. E, para Clarice, as reações atômicas são, elas mesmas, puro amor. Em ambos os casos, a mensagem é *imanente*: o amor traduzido neste mundo por meio do verbo ou de um "sim". Em ambos os casos, o amor é uma afirmação, um ato de vontade, um desejo de viver.

Transcendência e imanência

Em filosofia, "imanência" e "transcendência" são abordagens opostas, e compreender isso é fundamental para que você possa entender muitas partes deste livro. Dizemos que é *transcendente* tudo aquilo que escapa à experiência concreta ou que não depende da lógica, fazendo parte de um suposto mundo espiritual. Por sua vez, *imanente* se refere ao que atua dentro de uma coisa ou pessoa, à experiência *deste mundo no qual habitamos*. Exemplificando sucintamente: se nos ocupamos de discutir a existência ou não de anjos, estamos discutindo uma questão transcendente, uma vez que ela não pode ser pautada pela experiência concreta e depende muito mais da fé. Se nos voltamos para questões mais terrenas, como política, passamos para a dimensão da imanência.

Expostas as diferenças, declaro: sou um pensador da imanência, e este é um livro sobre o amor imanente. Discorrerei sobre o amor transcendente, é claro, mas apenas para demonstrar quanto ele não deveria ser nosso foco na vida – pelo menos não tanto.

E, se este é um livro sobre o amor imanente, é também sobre o amor *des-esperado*, talvez *in-esperado*, o amor sempre atualizado, dinâmico, por meio de seus muitos verbos. É um livro não sobre o querer impotente ou o amor platônico, mas sobre a conjugação do verbo "amar" a partir de algumas considerações filosóficas que, espero, sejam de simples entendimento. Note bem: "simples" não significa "simplório". Não subestimarei a inteligência do leitor, ridicularizando um assunto tão importante. Por isso insisto em explicar, me munindo de exemplos a granel, a maioria retirada do Fórum de Histórias Reais do Personare e alguns outros extraídos de minha prática em consultoria. Lembre-se de que, para assimilar filosofia, a leitura rápida não é recomendada. Eventualmente, é preciso reler. Este é um livro para sorver devagar, ainda que não seja apropriadamente chamado de "livro de filosofia", estando mais para um exemplar de *divulgação filosófica* – sendo assim, de objetivo bem mais humilde e sem o mesmo "rigor acadêmico" exigido em livros do gênero. Pode chamar de "papo cabeça", se preferir.

E por falar em considerações filosóficas, observe que o verbo "considerar" deriva do grego *con sidus*, "com as estrelas", "em sintonia com as estrelas". Por isso, é também um livro sobre astrologia. Não se pretende um manual descritivo, do tipo "como amam os arianos", ou "com quem os escorpianos se dão bem", por dois motivos: já há livros demais sobre isso no mercado, e nada disso é realmente astrologia, mas antes um entendimento deveras superficial – e questionável – do tema. Falo em astrologia no sentido cosmogônico:* uma tentativa de en-

---

* "Cosmogonia" pode ser encarada como um relato mítico sobre a origem das coisas.

tender as relações simbólicas que o ser humano constrói a partir de sua visão do céu ao redor. Falo em astrologia não como defesa polêmica de seu lugar como ciência ou pseudociência, mas no sentido de *resgate mítico*, de histórias que se contam com a finalidade de melhor entendermos (ou tentarmos entender) nossas relações neste mundo.

Pretendo originalidade? Não. E justifico: voltando ao inferno de Dante e à minha contestação ao escritor italiano, não foi surpreendente descobrir que André Comte-Sponville, filósofo francês a quem muito aprecio, teve as mesmas percepções sobre o abandono da esperança e insiste no tema em quase todos os seus livros. Muito antes dele, Baruch Spinoza escreveu coisas parecidas. Na verdade, foi agradável e lisonjeiro perceber que outras pessoas tinham compreendido o mesmo, e antes de mim. Não considero a inovação total uma meta, e insistir na originalidade absoluta pode ser mera vaidade. Desde quando pude estudar filosofia formalmente, considerei o fato de encontrar algumas de minhas percepções já descritas por um autor do passado algo bastante agradável, jamais frustrante.

O que considero de fato meritório – e este é um dos grandes objetivos deste livro – é conseguir (ou pelo menos tentar) explicar conceitos complexos de modo compreensível para a maioria das pessoas. Quando didática, a filosofia pode ser notavelmente transformadora. E a astrologia, conforme você verá, é um sistema de interpretação do mundo que faz parte da história da filosofia – daí sua pertinência.

O amor na filosofia

O amor sempre foi um problema filosófico de alta importância e quase todos os autores o abordam, mas muitas vezes de uma forma difícil de compreender. Se já é difícil entender o conceito de des-espero como algo bom, o que podemos dizer de coisas outras!

A história está repleta de livros que pretendem, de algum modo, estabelecer regras de conduta e considerações que possibilitariam uma vida melhor. Aprender a bem viver é um dos maiores – senão o maior – objetivos da filosofia. Ela se ocupa da felicidade. Quando eu era estudante de graduação, muitas pessoas me faziam a seguinte pergunta, que não é nem um pouco desconhecida por meus colegas: "Filosofia? Mas para que isso serve?"

A resposta é muito simples e não demanda grande esforço de entendimento. *Todo* ato humano visa à felicidade ou à fuga da infelicidade. O que nos mobiliza é o princípio do prazer. Até mesmo o suicida, quando tenta acabar com a própria vida, está fugindo de alguma infelicidade extrema. Até mesmo o sacerdote, que abdica de toda vida sexual, o faz porque isso, pelo menos nele, o enche de felicidade. Não existe nada que façamos que não tenha por causa final o prazer.

Entre todas as áreas de estudo, a filosofia é a que nos proporciona um contato direto com temas como o amor, a felicidade, a amizade, o desejo e tantos outros. Para que serve a filosofia? Para amarmos melhor, para sermos mais felizes, para sabermos ser melhores amigos. Estudamos filosofia para sermos seres humanos melhores, antes que seja tarde demais. E o melhor de tudo é que, na filosofia, não nos atamos à terrível imobilidade da certeza. Aquele que ama a sabedoria precisa estar aberto à possibilidade da contestação. Esperar certezas e respostas incontestáveis da filosofia é ingênuo, quando não perigoso.

E a autoajuda?

Nos últimos anos, vimos o crescente aumento de um gênero literário conhecido como "autoajuda". Em tese, tais livros permitiriam a compreensão de regras e procedimentos capazes de possibilitar a melhoria da vida como um todo. Carreira, relacionamentos, dinheiro – nada escapa à atenção de quem se aventura por essa área.

Tais livros, quando bem escritos e bem fundamentados, têm o mérito de traduzir em linguagem popular alguns conceitos já abordados pela filosofia. É curioso notar que muitos dos autores jamais tiveram acesso a um estudo filosófico formal, mas chegaram a conclusões parecidas, o que não é nada estranho. Se alguém escreve algo que ninguém *nunca* escreveu, temos duas possibilidades: ou o texto é genial ou é tolo, pois a originalidade absoluta toca os extremos.

Creio que seja importante salientar aqui alguns pontos. Primeiramente, vale compreender que a autoajuda e a filosofia têm um objetivo comum: proporcionar o bem viver. Mas, apesar de partilharem a mesma meta, não se pode dizer que toda autoajuda é filosoficamente fundamentada. O que não faltam são livros ruins, repletos de considerações no mínimo duvidosas e cujo teor empobrecido não passa incólume a um olhar mais atento. Para ser minimamente filosófico, um texto necessita de bons argumentos. Não quer dizer que os argumentos sejam incontestáveis. Filosofia não é dogma, não é verdade impossível de ser contradita. Mas os argumentos são, ao menos, bons e sólidos.

Dito sinteticamente: toda filosofia, assim como a autoajuda, pretende o bem viver, mas nem toda autoajuda é filosófica. Alguns livros de autoajuda, por exemplo, são puro *marketing* sem consistência. Prometem coisas pouco críveis, ou não passam de manuais sobre como jogar com as pessoas e manipulá-las (no mau sentido). Ou pregam verdades altamente contestáveis, como a ideia de que é possível viver sem sofrimento, obtendo tudo o que se deseja. Mesmo que nos fosse possível obter tudo o que desejamos, isso jamais garantiria a felicidade. Não é preciso muito esforço mental para saber que podemos ser mais infelizes quando temos o que desejamos do que quando não temos.

A filosofia, em contrapartida, tem a virtude de se pretender honesta. Comprometido com a honestidade, portanto, desejo que o leitor compreenda que nem sempre a filosofia ou o mais bem escrito livro de autoajuda poderá servi-lo com eficiência. Pessoas com problemas psiquiátricos, por exemplo, podem ler todas as recomendações filosóficas e ter acesso aos conhecimentos e dicas mais pertinentes dos melhores livros, mas não conseguirão cultivar o bem viver enquanto não se tratarem. É falso, portanto, convencer as pessoas de que *todas elas* podem se beneficiar da autoajuda. Há pessoas – e não são poucas – que precisam de ajuda externa, na forma de medicamentos.

Há também quem, de fato, não precisa de psiquiatras, mas igualmente não se beneficia de livros sábios. Essas pessoas leem os textos, acham-nos lindos, até os repetem por aí, vivem citando frases bonitas em redes sociais, mas não conseguem mudar nada ou quase nada em sua existência. Repetem os mesmos erros de outrora e não entendem o que estão fazendo de errado. Digo isso porque, em nome da honestidade que preconizo, devo admitir que não há garantias de melhoria da vida a partir de livros filosóficos ou de autoajuda. A palavra-chave aqui é *garantia*. Quem ou o que pode oferecer garantias neste mundo?

O que desejo com o presente livro é algo bem menos ambicioso do que a estranha promessa de "mudar sua vida completamente", ou "garantir uma vida amorosa de sucesso e felicidade", ou qualquer outra coisa dita "sensacional". O que desejo é que você *pense*, considere o que lê e tente meditar sobre as questões que trago. Talvez este livro não mude incrivelmente sua vida, e isso é até bom. Vivemos em um mundo que vende muito a ideia de "coisas espetaculares". Mas, se você melhorar um pouco, nem que seja só um pouquinho, estará colaborando com uma vida melhor e fazendo acontecer um pedaço de paraíso neste nosso mundo. Um paraíso que se realiza não com *esperas*, mas com *atos*. Como a canção: "Quem sabe faz a hora, não espera acontecer".

Abandone então toda a esperança, você que aqui adentra. Chega de esperar. É chegada a hora do amor que se derrama como verbo!

1
ALMA GÊMEA: O AMOR COMO OBJETO EXTERNO

> Há duas catástrofes na existência: a primeira é quando nossos desejos não são satisfeitos; a segunda é quando são.
>
> *George Bernard Shaw*

O conceito de alma gêmea é bem mais antigo do que muitos imaginam. Platão, filósofo nascido mais de quatrocentos anos antes da era cristã, discorre sobre o tema em sua obra *O banquete*, apresentando aos leitores um dos mitos que mais nos mobilizam: uma época em que éramos completos e perfeitos, mas, por vingança dos deuses, acabamos nos tornando separados e imperfeitos. Esse tipo de mito é recorrente em praticamente todas as culturas e diz muito sobre a natureza humana. De um modo ou de outro e com algumas variações, faz parte do imaginário coletivo um paraíso perdido no qual o amor imperava. Dentre todos os mitos que remontam a uma era dourada, nos interessa aqui a versão platônica da queda da humanidade.

De acordo com o mito, em tempos passados e indefinidos, a espécie humana era dividida em três gêneros sexuais: o inteiramente masculino, o inteiramente feminino e o andrógino (homem e mulher reunidos num só ser). Esses seres ancestrais possuíam todos os órgãos duplicados, inclusive os sexuais. Platão relata ainda uma origem cósmica para os gêneros: o masculino descenderia do Sol, e o feminino, da Terra. Os que manifestavam os gêneros masculino e feminino num único corpo seriam, por sua vez, provenientes da Lua. A androginia lunar se justificaria pelo fato de nosso satélite fazer parte da Terra (feminino), mas refletir a luz solar (masculino). Vale salientar que, tendo em vista as características do mito, os antigos demonstravam noções astronômicas bastante desenvolvidas, como o conhecimento de que a Lua reflete a luz que vem do Sol.

Tais seres eram como semideuses, tinham constituição esférica e força extraordinária. Cientes de seu poder, desafiaram os deuses, que, como punição, dividiram todas as entidades em duas partes. Em decorrência disso, os seres foram tomados por uma angústia incontrolável e passaram a dedicar quase toda a sua energia na busca pela metade perdida. Os originalmente andróginos foram separados em uma metade masculina e em outra feminina, e daí nasceu o desejo heterossexual. Já os que eram inteiramente masculinos ou inteiramente femininos passaram a buscar sua outra parte perdida, e daí veio o desejo homossexual.

A estratégia dos deuses se revelou por demais eficiente. Por estarem desesperados em busca de sua outra metade, os seres humanos não dispunham de mais energia para lutar contra as divindades. O reino dos deuses estava, assim, garantido. A busca desenfreada pela metade perdida garantia que não mais ambicionássemos o Olimpo. Estávamos todos muito ocupados procurando o amor perdido.

Tal história, narrada por Platão em *O banquete*, não é apresentada como verdade factual, mas como mito. É improvável que Platão acreditasse nisso como uma realidade histórica. Estaria o filósofo tentando ilustrar considerações filosóficas sobre o amor a partir de metáforas? Tudo indica que sim. O mito tem este poder: ele é pretensamente mais verdadeiro que a realidade, pois não versa sobre os fatos da vida, mas, antes, discorre sobre dramas humanos e pretende estabelecer uma lição.

Amamos o que nos falta?

A tese platônica é clara: *Quem ama, deseja o que não tem e busca suprir uma falta*. O amor seria, então, o desejo pelo que nos falta, e é experimentado como angústia da incompletude. Trata-se, portanto, de uma necessidade não satisfeita, de saudade de um período hipotético no qual éramos unos.

E esta é a essência do amor platônico: ele se dirige para o que não é, para o que não há, para o que não está presente. Exaltamo-nos em alegria quando ocorre o encontro com o objeto do desejo, mas, devido à maldição dos deuses, tal felicidade é passageira. Se tal amor está fadado a se dirigir ao que não se tem, *obter significa perder*! É um amor que existe apenas enquanto não se realiza. Difícil de entender? Nem um pouco, se considerarmos a dinâmica das relações humanas e observarmos como muitas vezes nos comportamos em relação aos nossos desejos.

Veja bem, não somos infelizes apenas quando o amor nos falta. Ocorre também, com grande frequência, de sermos infelizes porque o encontramos. Se fomos amaldiçoados pelos deuses a estar sempre em busca de algo que nos falta, o que quer que se faça presente será cedo ou tarde substituído pela angústia da esperança, que passa a almejar outra coisa. Esse problema é exposto inclusive pelo senso comum, quando dizemos o seguinte: "As pessoas só dão valor quando perdem". Não parece realmente uma maldição dos deuses? Queremos uma coisa e, quando a conseguimos, não a desejamos mais. Ou, ainda que a queiramos por um longo tempo, aquela felicidade intensa da conquista é paulatinamente substituída por tédio e novas expectativas.

Há quem sustente que tal movimento é uma prerrogativa do sexo masculino, mas não é verdade. Nos homens, o tédio pode até se evidenciar numa busca por amantes, um procedimento que me parece mais cultural que biológico (embora, evidentemente, alguns discordem e afirmem que a inconstância masculina tem razões genéticas). Mas na mulher esse sentimento também se manifesta. A diferença é que, provavelmente também por razões culturais, ele em geral vem à tona de outras formas.

Ora, e se Platão está certo em sua tese, uma vez que estamos fadados a amar o que não está presente, seria impossível alcançar a felicidade. Afinal, se aspiramos a restaurar a completude perdida, tal coisa não se realiza neste mundo. Se o desejo, segundo Platão, implica buscar o que não se tem, nunca temos o que desejamos.

O desejo e suas ambivalências

Schopenhauer (1788-1860), no livro *O mundo como vontade e representação*, de certo modo corrobora a teoria de Platão ao afirmar que "a vida oscila, pois, como um pêndulo, da direita para a esquerda, do sofrimento ao tédio". O sofrimento se manifesta quando desejamos o que não temos. O tédio fatalmente surgiria ao obtermos o que desejávamos.

Note a sutileza do argumento; não significa que nunca conseguimos aquilo que desejamos. É claro que conseguimos muitas coisas. O problema é que, se um desejo é satisfeito, não há mais falta. E a falta se impõe. Muito em breve, desejaremos outra coisa. Não necessariamente outra pessoa, mas a sensação de plenitude não se sustenta. Encontrar a "cara-metade" não nos impede de continuar desejando, sobretudo se considerarmos que, com o passar do tempo, a suposta alma gêmea deixa de parecer tão "gêmea", tão logo descobrimos um detalhe no outro que nos faz detestá-lo. E, via de regra, quanto mais alta a expectativa de que o outro é nossa "alma gêmea", maior a decepção quando a suposta perfeição deixa de se sustentar, mesmo que por um ínfimo momento.

A fantasia da alma gêmea e suas decepções

Anos atrás, acompanhei a história de Débora e Lucas.* Eles ficaram encantados um pelo outro assim que se conheceram, em decorrência de identificações narcísicas. À medida que des-

---

* Os nomes foram alterados para preservar a identidade dos indivíduos.

creviam a empolgação do encontro, me foi possível perceber que não estavam enamorados um pelo outro, e sim por si mesmos, ou, melhor dizendo, pelo idealismo transcendental da possibilidade de encontrar um gêmeo. Não cessavam de repetir que gostavam das mesmas coisas, ouviam as mesmas músicas, apreciavam os mesmos filmes, tinham as mesmas percepções políticas e interesses religiosos. Além de tudo, eram ambos vegetarianos. "Somos almas gêmeas", me disseram, empolgadíssimos. O que os empolgava me preocupava. Era identidade demais, sem contraste algum.

E, de fato, durante certo tempo pareciam ter encontrado a plenitude do paraíso mítico platônico. Sentiam-se inteiros, completos. Até que o horror dos horrores aconteceu. Débora descobriu que Lucas não gostava de gatos. Pior, não é que ele simplesmente não gostasse de gatos; ele os detestava.

A discussão que se seguiu foi de tal magnitude e falta de respeito mútuo que não sobrou pedra sobre pedra do paraíso. Em menos de uma hora, Lucas passou de "alma gêmea" a "monstro", e Débora passou a ser considerada "louca". A unidade foi rompida e cada qual seguiu sua vida, passando a detestar aquele que antigamente era tido como "o amor".

O problema aqui decorreu mais da fantasia do que de uma incompatibilidade no que tange ao gosto por determinado animal. Débora e Lucas apostaram todas as suas fichas numa fantasia: tinham nascido um para o outro, pois eram – como não se cansavam de repetir – *idênticos*. Trata-se do amor como objeto: o outro é o amor encarnado. Em seu narcisismo, tanto um quanto o outro apreciavam nada mais que a própria imagem refletida. Quando as igualdades são demasiadas, a primeira dessemelhança tem a intensidade de um soco no nariz. E a sensação de frustração é bem maior do que quando não acreditamos que o outro nasceu para nós.

Amor e narcisismo

É por demais comum que, num primeiro estágio de enamoramento, busquemos semelhanças com a pessoa amada. Tendemos a nos fascinar com aqueles que nos espelham de algum modo. Somos, em maior ou menor grau, seres narcisistas. Porém, não nos damos conta de que tal procedimento sofre de cegueira seletiva: como estamos enamorados, nós ignoramos as diferenças que sempre estiveram ali. E vemos o tempo levar o valor que dávamos ao que conquistamos. A maioria das pessoas não tem o que deseja, tem o que *desejou*. Nós queríamos enquanto não tínhamos, mas a alegria de obter parece não resistir ao tédio descrito por Schopenhauer.

Qual a origem desse problema? O idealismo. Fomos educados, treinados para ser idealistas. Aprendemos a encarar o amor como um elevado substantivo abstrato, como algo alheio a nós que precisamos alcançar, encontrar, a fim de nos sentir novamente completos. E não há ser humano que possa atender a tais expectativas ideais. São altas demais! Por isso, esse mesmo amor, substantivo abstrato, insiste em fugir; ele não admite ser aprisionado na forma de outrem.

É a maldição dos deuses descrita por Platão: buscar externamente algo que preencha nosso vazio interior. E, quando acreditamos ter encontrado, a realidade não se revela à altura da expectativa.

Em relação a esse assunto, gosto de citar o caso de Mara. Ela me procurou após ter passado cinco anos indo a todos os tipos de consulta oracular imagináveis. Idealista romântica ao extremo, alimentava a fantasia de que Rômulo, um homem com o qual tivera três relações sexuais havia muito tempo, era sua "alma gêmea". Ela realmente acreditava no conceito de que para cada mulher da Terra há um homem que a ela pertence. E estava tão obcecada por essa possibilidade que sua vida simplesmente havia paralisado. Grande parte de seu tempo e de sua energia era dedicada a alimentar a "esperança" de formar um casal com Rômulo. Ela preferia ignorar todos os indícios realistas: ele não lhe telefonava, não respondia a nenhum *e-mail*, não dava sinal de vida. É preciso lançar mão de um tipo especial de cegueira para não conseguir ver um desinteresse tão gritante da parte do outro. E essa cegueira é alimentada por uma mistura de esperança e autoengano.

Um outro tipo de amor seria possível? Seria possível reeducar nosso modo de viver os relacionamentos? Tanto é possível que muitos de nós conseguem realizar essa mudança. O problema é que ela ocorre quando já é "tarde demais" e estamos no fim da vida, olhando para trás e nos dando conta de quanto fomos tolos quando poderíamos simplesmente ter sido mais razoáveis. Eis o propósito da filosofia: fazer acontecer essa mudança de percepção antes que seja "tarde demais", antes que a morte nos leve.

Creio que o primeiro passo para essa reeducação da arte de amar demanda compreendermos definitivamente a diferença entre *esperança* e *desejo*. Para essa tarefa, devemos mergulhar em outro mito: o de Pandora.

2
PANDORA E A ESPERANÇA

> Quando você desaprender a esperar,
> eu o ensinarei a querer.
> *Sêneca*, Cartas a Lucílio

> Só é feliz quem perdeu toda a esperança;
> porque a esperança é a maior tortura que há,
> e o desespero, a maior felicidade.
> Mahabharata

Sim, eu sei como a frase anterior, retirada de uma das obras épicas mais tradicionais da Índia, pode soar estranha. Ela desafia todo o nosso senso comum. Quem, em sã consciência, poderia dizer que há felicidade no desespero? Há quem simplesmente não acredite que Krishna Dvapayana Vyasa, para muitos o maior dos mestres indianos, tenha feito tal afirmação num dos livros mais sagrados do hinduísmo. Entretanto, o *Mahabha-*

rata não foi o único texto a contestar os supostos benefícios da esperança. O espanhol Sêneca faz o mesmo na sua clássica obra *Cartas a Lucílio*, assim como Baruch Spinoza em *Ética*. Evidentemente, não seria filosófico sugerir que você aceite a verdade dessa frase usando apenas a autoridade como argumento. É preciso explicá-la. Para tanto, devo contar mais uma história, evocar um mito grego. O mito de Pandora.

Reza o mito que, um dia, houve uma mulher criada pelos deuses, portadora das mais fascinantes habilidades; ela era chamada Pandora. Seu nome provavelmente se originou do grego *panta dôra*, "a que possui todos os dons". Era uma mulher excepcional na inteligência, na doçura, na beleza, ou seja, detinha incontáveis habilidades. Mas, assim como no mito da alma gêmea de Platão, sua existência se devia à vingança dos deuses.

Antes de continuar, é necessário descrever brevemente outro mito: o de Prometeu, o titã rebelde que roubou o fogo dos deuses para oferecê-lo aos homens. A humanidade, após se apoderar dessa chama divina, tornou-se superior aos outros animais, sendo capaz de desafiar os próprios deuses. Em decorrência disso, Prometeu foi acorrentado ao monte Cáucaso e, posteriormente, Pandora foi criada para ser o objeto de destruição da humanidade.

Acontece que Epimeteu, irmão de Prometeu, possuía um vaso que deveria permanecer sempre fechado, cujo conteúdo era terrível: guardava todos os males do mundo. Epimeteu fora avisado para jamais, em hipótese alguma, aceitar qualquer presente dos deuses. Todavia, diante da beleza e do fascínio de Pandora, esqueceu-se das recomendações e, seduzido, a desposou.

Pandora foi advertida para jamais abrir o vaso, mas sua curiosidade falou mais alto, e então todos os males foram liberados no mundo dos homens. Mais uma vez, vemos aí a referência à queda do paraíso: antes, tudo era uma maravilha. A partir do momento em que Pandora libertou o conteúdo secreto do vaso de Epimeteu, a humanidade se viu envolta em todos os sofrimentos e dores que conhecemos muito bem. Impossível não notar semelhança com o mito bíblico de Adão e Eva, embora a versão cristã seja mais condescendente em relação à mulher, já que a culpa também recai sobre Adão – ao contrário do mito grego, no qual Pandora foi a grande culpada.

Às pressas, Epimeteu conseguiu tampar o vaso e preservar um último item que ainda estava em seu interior: *a esperança*.

Em geral, as interpretações afirmam que a esperança no fundo do vaso de Pandora significava pelo menos uma coisa boa. Mas eis a ironia: qual o indício de que a esperança seria algo bom? Por que os deuses vingativos colocariam uma coisa boa num vaso que deveria ser o instrumento para a destruição da humanidade? Vale aqui uma observação: muitos têm uma ideia equivocada da mitologia grega. Os deuses em geral não gostavam nada dos homens e nos viam como ameaça a seu poderio. Afrodite, por exemplo, não era bem a deusa do amor. Era, acima de tudo, a deusa da encrenca afetiva, especializada em causar guerras e infortúnios usando o amor como ferramenta.

Sabedoria estoica e o primeiro livro de autoajuda do Ocidente

Uma interpretação estoica, contudo, sugere que a esperança nada mais é que um dos males contidos no vaso. Segundo o estoicismo, a esperança nos conduz a um estado de paralisia, a uma sujeição a fantasias. Seria, portanto, a vingança final de Zeus contra a humanidade usurpadora do fogo divino. Seria o pior de todos os males, o golpe final que nos espreita do fundo do vaso de Pandora.

Mas você, leitor, pode estar se perguntando: quem eram os estoicos? Uma de minhas professoras da graduação costumava brincar dizendo que foi um estoico o primeiro autor de um livro de autoajuda da história ocidental. Esse livro se chama *Cartas a Lucílio* e foi escrito pelo filósofo Lúcio Aneu Sêneca (4 a.C.-65 d.C.). A obra reúne a sabedoria de uma corrente filosófica intitulada *estoicismo*, sendo uma compilação das cartas de Sêneca a seu amigo Lucílio, e seu teor é leve, espontâneo, fácil de ser lido e compreendido. É curioso observar como um texto tão antigo pode ser tão atual. Os problemas e as questões levantados por Sêneca são os mesmos dilemas e as mesmas angústias que enfrentamos, mais de dois mil anos depois, na sociedade contemporânea. O livro oferece conselhos sobre como proceder na vida de modo a ser mais feliz.

O termo "estoicismo" vem do grego *stoa poikilê* e designa um portal da cidade de Atenas onde as pessoas se reuniam para aprender com os grandes mestres. Os estoicos focalizavam sua atenção naquilo que chamavam de *phantasia kataleptikê*, que significa "percepção apreensiva". Segundo eles, o curso da existência passa por ciclos criativos repetitivos, de alternância entre prazer e sofrimento, alegria e tristeza. O mesmo conceito nos foi explicado por Sidarta Gautama, o Buda. Compreender a alternância da existência seria uma condição fundamental para o bem viver. Não é preciso muito esforço para perceber que muitos dos livros de autoajuda contemporâneos vendem a falsa ideia de que é possível estar sempre alegre, vencer sempre, estar sempre "por cima". Mas, se estoicos e budistas estão certos nesse ponto – e eu acredito que estão, pois tudo na vida prática indica que sim –, estamos fadados a altos e baixos na vida. Ciclos de sucesso e insucesso, acontecimentos bons e outros nada agradáveis. Tal alternância é bastante óbvia, muito embora alguns livros contemporâneos, a própria mídia e alguns gurus insistam na fantasiosa possibilidade de triunfos imbatíveis e vitórias constantes.

Essa tal felicidade

Entretanto, à parte a fatalidade das alternâncias, seria possível atingir um estado no qual não nos deixamos perturbar não só pelos revezes da vida, mas também – e principalmente! – pelos sucessos. Poucas coisas são mais perturbadoras que a empolgação sem limites. Melhor do que ela é a felicidade. Mas note bem: "felicidade", para muitas correntes filosóficas, nada tem a ver com o significado que conferimos hoje a esse termo. Os gregos contavam com um termo cuja compreensão é fundamental para o cultivo da arte do bem viver: *eudaimonia*. Podemos traduzi-lo como "felicidade", mas o risco que se corre é de confundir essa felicidade com a mera satisfação de impulsos. Certamente, a "felicidade" eudaimônica não tem nada a ver com aquilo que sentimos quando compramos um objeto ambicionado ou conquistamos o ser desejado.

A felicidade traduzida pela *eudaimonia* é, mais do que tudo, uma ética, pautada em uma compreensão filosófica da vida, e envolve o cultivar de virtudes que conduzem à paz duradoura e permitem o exercício do verdadeiro poder: aquele que é exercido por nós sobre nós mesmos.

Todavia, segundo os estoicos, o *Mahabharata* e também Spinoza, uma condição fundamental para atingirmos essa tal felicidade é abandonarmos a esperança. E é André Comte-Sponville quem mata a charada: "Nossa sociedade confunde esperança com desejo".* Mas, ao contrário do que dita o senso comum, uma coisa é completamente distinta da outra. Eis uma lição importante: toda esperança contém um desejo, mas nem todo desejo é esperança.

Destrinchando a esperança

E então o que seria a esperança? Apresentamos três definições, de acordo com Comte-Sponville.

Primeira definição: A esperança é um desejo referente ao que não temos. Trata-se de um desejo sem gozo. Como no caso de Mara, relatado no capítulo anterior, vivendo em função da possibilidade de um dia ter um relacionamento com aquele

---

* Em *A felicidade, desesperadamente*. São Paulo: Martins, 2005.

ela enxerga como sua "alma gêmea". Não importa que o outro a ignore supinamente. Mara vive em função da esperança de um dia ter o que no momento não tem. Como a intensa esperança se alimenta de indícios impalpáveis, qualquer coisa serve como alento para Mara perseverar em seu apego obsessivo, que a leva a desejar, mas sem jamais usufruir.

Você pode até argumentar que Mara é um caso extremo, mas reflita por um instante: Quantas vezes você cultivou esperanças em um relacionamento mesmo quando tudo indicava o contrário? No fórum do *site* Personare, é possível ler uma enormidade de casos que, a despeito da diferença das histórias, guardam um ponto em comum: a esperança em seu pior sentido, o da vida paralisada. Muitos, quando estão enamorados por quem não lhes corresponde, alimentam esperanças a partir de indícios extremamente improváveis. Qualquer pequena coisa serve de alento. O outro ligou para desejar feliz aniversário? Então é porque no fundo ainda se importa e um dia será possível reatar. A outra pessoa terminou o namoro dizendo "O problema não é você, sou eu"? Então, quando o problema for resolvido, será possível reatar. Viver em função desse tipo de espera paralisa a vida. E fomentar esperanças no outro pode ser perverso. Quando não queremos mais estar com alguém e esse alguém ainda está apaixonado por nós, é preciso deixar claro nosso desinteresse, sem eufemismo. Dizer "O problema não é você, sou eu" simplesmente alimenta a esperança. Ao passo que dizer "Sinto muito, mas não tenho mais interesse em namorar você, não te desejo mais" pode ser duro de ouvir (e de falar), mas não alimenta fantasias.

Esperar que a outra pessoa um dia seja sua a faz ser sua? Não. Ela tem vontade própria, e pensar intensamente não a fará ter um relacionamento com você. Se converter a esperança em palavras e insistir, você pode até passar por desagradável e inconveniente. Essa espera sem gozo apenas paralisa a vida e impede que outros relacionamentos efetivamente ocorram.

Veja bem, não digo que não devemos lutar por quem desejamos. É claro que devemos! Mas há um momento, que deve ser determinado por você e pelo seu bom-senso, em que é preciso desistir. Para o seu próprio bem. Ora, se o outro não demonstra interesse, se apenas enrola, diz que vai ligar e não liga, para que insistir? Há uma verdade simples: quem tem interesse, demonstra. Quando estamos interessados em alguém, fazemos com que as oportunidades de encontro aconteçam. Mas, se a outra pessoa está sempre ocupada, esquece de ligar ou tem muitas outras prioridades, não é óbvio que ela não está a fim ou, pelo menos, não *tão* a fim?

Segunda definição: Esperar é desejar sem saber, é um desejo ignorante. É realmente muito comum que a esperança se manifeste em relação ao porvir, mas ela não se limita ao tempo futuro. Diz respeito também ao passado e ao presente.

É Comte-Sponville quem nos dá o melhor exemplo: digamos que você não tem notícias de um amigo querido há muito tempo e descobre que ele esteve muito doente e precisou passar por uma cirurgia. Quando você lhe escreve, o que diz? "Espero que tudo tenha corrido bem." Trata-se de uma esperança em relação ao passado. Você ignora se seu amigo ficou bem; você deseja sem saber.

Outra situação: você tem uma conversa sincera com uma pessoa querida, que lhe diz algo extremamente importante. Você diz: "Espero que você esteja me dizendo a verdade". É uma esperança em relação ao presente. Você ignora se a pessoa está falando a verdade; tem apenas a palavra dela. Você deseja a sinceridade, sem saber se está sendo dada.

A esperança em relação ao futuro é mais óbvia. Nós a exercemos continuamente: "Espero um dia ser rico", "Espero um dia encontrar um grande amor", "Espero ter saúde na velhice" etc. Mas todos esses são desejos que efetivamente não podemos ter certeza se ocorrerão, ainda que nos esforcemos para realizá-los. Podem ocorrer ou não, e tudo o que podemos fazer é aumentar o grau de probabilidade de que efetivamente ocorram, fazendo-os tender mais ao sim que ao não. Podemos poupar dinheiro e trabalhar muito para ser mais ricos no futuro, posso cultivar hábitos saudáveis e ter um excelente plano de saúde, mas nenhuma dessas ações *garante* a realização da intenção original. Nós desejamos sem saber. E esses desejos são "maus"? Não, de forma alguma. Não há nada de errado em torcer e se esforçar numa dada direção. Mas temos de admitir: são situações que, por mais que nos esforcemos, podemos apenas *esperar que ocorram*, jamais garantir.

Uma esperança boa, portanto, seria aquela que considera racionalmente os graus de probabilidade. É perfeitamente aceitável acreditar que, se eu cuidar de minhas finanças, evitar gastos excessivos e trabalhar bastante, terei mais dinheiro no futuro. Do mesmo modo, é compreensível que eu espere coisas boas de quem diz me amar. Eventualmente, até esse tipo de esperança pautada em razoabilidade acaba sendo traída. São coisas que acontecem. Ainda que não fosse uma esperança tola, nada pode garantir que resultados mais prováveis sejam indubitáveis.

Alguns livros de autoajuda fomentam o desejar sem saber, ou seja, fomentam a esperança em seu pior nível. Dizem que, se mentalizarmos intensamente, as coisas boas acontecerão e o amor virá. Repito o que já disse antes: sou perfeitamente ciente da importância de uma disposição positiva, fundamental para se viver a vida. Parece-me perverso, contudo, *garantir* às pessoas que aquilo que mentalizam fatalmente ocorrerá. Pode ocorrer ou não. Lembre-se do caso da esperança no passado: esperar (desejar sem saber) que a cirurgia de seu amigo tenha sido bem-sucedida muda alguma coisa? Não, não muda. A cirurgia já ocorreu, e sua torcida não vai mudar o passado. Seu amigo pode estar vivo e bem, ou mesmo morto. Evidentemente, não há problema algum em esperar que ele esteja bem. É até bem-educado fazê-lo! Essa esperança não é a pior de todas, muito embora haja quem passe a vida apenas "torcendo". Mas eis que chegamos, então, à terceira definição.

Terceira definição: Esperar é desejar sem poder, é um querer impotente. Voltando ao amigo que passou, está passando ou passará por uma cirurgia: há alguma coisa que você possa fazer? A não ser que seja o médico dele, evidentemente não. Resta-lhe apenas esperar; você está impotente diante da situação. Se for religioso, você evidentemente pode rezar por ele. Ao longo de toda a minha vida, presenciei pessoas orando por outras que estavam mal. Em alguns casos, a pessoa melhorou. Em outros, morreu. Mesmo que você não seja religioso e não reze, você torce. E torcer é uma forma de oração. Dizer "Meu Deus, faça tudo ficar bem" não é lá muito diferente de dizer "Tomara que fique tudo bem". Em ambos os casos, admitimos nossa impotência temporária. Nada podemos fazer, então desejamos sem poder.

O mesmo pode ser dito a respeito do amor quando ele se manifesta como uma esperança impotente. Reflita sobre suas crenças pessoais. Você pode, por exemplo, rezar para santo Antônio, pedir a Deus, fazer uma simpatia ou simplesmente torcer para conseguir um grande amor, mal não faz. Mas se trata de um desejo impotente, e nos resta a expectativa de que nosso querer seja atendido. E há quem viva em função desse querer impotente – e é aí que está o problema.

A partir do que foi exposto, não é difícil entender por que Spinoza não considerava a esperança uma virtude, e sim uma impotência (desejar sem poder). Ele a definia também como "falta de conhecimento" (desejar sem saber). E os estoicos, por sua vez, diziam ser a esperança uma fraqueza, e não uma força.

Mas, se a esperança é um desejo do qual não se goza, que ignora e que se vê impotente, qual seria seu "remédio"? E como tudo isso se relaciona com a astrologia? Convido você, agora, a decifrar o mistério da Esfinge e fazer o que propôs Sêneca: *aprender a querer*. E quem nos ajudará nesse caminho é a astrologia.

Para entender ainda mais os conceitos de felicidade, desejo e esperança, leia a entrevista com o autor, Alexey Dodsworth, em www.personare.com.br/os-seis-caminhos-do-amor.

3
CONJUGAÇÃO VERBAL ASTROLÓGICA: SABER, QUERER, OUSAR, CALAR

Muito tempo atrás, a astrologia não era encarada apenas como um sistema de interpretação de personalidades, como acontece hoje em dia. Tratava-se, acima de tudo, de uma tentativa de atribuir significado à vida e à natureza a partir de mitos. A ideia de que "sou" escorpiano ou fulano "é" leonino surgiu no começo do século XX com a popularização da dita astrologia de signos solares. O assunto rende e é muito popular, principalmente por também estabelecer condições de suposta compatibilidade entre as pessoas: Arianos combinam com escorpianos? Geminianos e librianos se dão bem? De acordo com o meu mapa astral, quem é o meu parceiro ideal? O que mais parece mover o interesse pela astrologia atualmente é a expectativa da possibilidade de identificarmos se a pessoa que desejamos é, de fato, capaz de estabelecer conosco uma parceria funcional. Carl Jung, movido pela curiosidade sobre o tema, chegou a conduzir um estudo astrológico, avaliando "casais funcionais" e buscando possíveis sincronicidades entre os mapas.

Não entrarei aqui no mérito da validade das interpretações astrológicas, já que esse não é o tema deste livro. Sinta-se perfeitamente livre para não acreditar em astrologia. O que nos interessa aqui é compreender as lições que a filosofia da astrologia nos lega a partir do vislumbre de sua estrutura. Mais do que uma curiosidade que anima festas, a astrologia se mostra presente ao longo da história da filosofia dos mais diferentes modos.

A astrologia na filosofia

É antiga a suposição de que existe um relógio cósmico que regula a vida na Terra por meio de ciclos bem definidos, e ela se faz presente tanto na filosofia ocidental quanto na teologia oriental. Vale citar Pitágoras (570-500 a.C.), que defendia a tese de uma harmonia macrocósmica refletida na vida cotidiana. Pitágoras acreditava que o fundamento das coisas residia no *número*. Números, para ele, não eram entes abstratos, mas elementos essenciais da realidade. Por essa razão, o aspirante à escola pitagórica tinha de já ter estudado aritmética, geometria, astrologia e música, as quatro ciências fundamentais que permitiriam a compreensão da *Tetraktys*, ou harmonia das esferas. De acordo com a metafísica pitagórica, a alma humana inclina-se para o bem, mas o mundo material a corrompe. Aparentemente, ele era desses filósofos que não apreciam muito o mundo da vida, mas nada podemos afirmar categoricamente, uma vez que Pitágoras não nos deixou nada escrito. O que sabemos de sua filosofia decorre de relatos de seus discípulos.

Outro expoente de uma metafísica pautada na ideia da sociedade como reflexo da harmonia macrocósmica foi o italiano Campanella (1568-1639). Diferentemente de Pitágoras, Campanella nos deixou uma obra escrita detalhada, intitulada *A Cidade do Sol*. Seu objetivo era construir nas montanhas de Sila uma comunidade exemplar, de acordo com os princípios definidos em sua obra. Em sua proposta, o filósofo se vale de teorias de geometria sagrada* muito provavelmente inspiradas nos pitagóricos, a fim de desenhar uma cidade definida a partir de sete círculos sobrepostos, que atuariam como uma antena capaz de captar influências astrais positivas. O nível de detalhamento da proposta urbanística de sua cidade utópica só é superado pelo detalhamento das normas comportamentais impetradas aos cidadãos.

Campanella defendia claramente a eugenia, afirmando que é possível aprimorar a raça humana por meio de acasalamentos definidos não pelo desejo dos parceiros, mas por determinação sacerdotal astrologicamente fundamentada. A Cidade do Sol, portanto, exerceria férrea vigilância estatal sobre seus habitantes, para que a procriação só se desse entre parceiros que se equilibrassem a partir de critérios astrológicos e biológicos aparentes: uma pessoa muito alta deveria ter filhos com alguém muito baixo, por exemplo, com o intuito de equilibrar os extremos. As relações homossexuais seriam consideradas criminosas e teriam como punição a pena de morte. O momento da concepção deveria ser marcado antecipadamente para que o

---

* A geometria sagrada se pauta na crença de que determinadas formas geométricas causam efeito positivo ou negativo nos organismos.

feto recebesse "benéficas influências astrais". Resgatando uma tese elaborada por Platão em *A República*, Campanella preconiza que a propriedade privada e o conceito de "família" deveriam ser abolidos da Cidade do Sol, dando lugar a um estilo de vida estritamente comunitário. Temos aqui a clara enunciação de que os males sociais têm origem na propriedade privada, sendo a família uma manifestação das ideias de posse. Todos os jovens coetâneos daquela comunidade seriam irmãos uns dos outros e chamariam de "pai" todos aqueles que fossem quinze anos mais velhos.

Não é preciso um olhar muito apurado para perceber que a sociedade idealizada pelo filósofo italiano guarda em si as sementes do fascismo. Controle absoluto do Estado sobre a vida privada dos cidadãos, eugenia e a esperança de criar a perfeição são constantes em todo sistema de pensamento totalitário.

A questão é que os delírios bem-intencionados de Campanella podem não ter vingado, mas esse tipo de expectativa em relação à vida persiste em muitos de nós. Muitos buscam uma vida ideal, perfeita, previsível, formatada, falam em "harmonia do Universo" como se conhecessem as leis do Cosmo, e isso se projeta nos relacionamentos. Ai das relações que fujam aos ideais de perfeição! E ainda que a astrologia não se pretenda um guia para a vida perfeita – ideal inatingível por ser justamente contrário à complexidade da vida –, muitos encaram o sistema astrológico como um meio de viabilizar uma existência sem sofrimento. O filósofo alemão Theodor Adorno (1903- -1969), no livro *As estrelas descem à Terra*, faz essa denúncia ao estudar a coluna de astrologia do jornal *Los Angeles Times*. Adorno percebe que a astrologia é usada como forma de tornar as pessoas obedientes e comportadas por meio de conselhos que ilustram bem o pensamento embutido: nunca se irrite, nunca se zangue, jamais se queixe, seja bonzinho. É o que chamo de "astrologia do bom comportamento".

Mas nem sempre ela foi um sistema de adestramento, e nem toda astrologia contemporânea é assim. Na verdade, o corpo do conhecimento astrológico quase sempre é adaptado pelas pessoas às suas crenças religiosas ou visões de mundo. Não existe um "conhecimento astrológico oficial", até porque a própria astrologia é uma espécie de amálgama de muitas culturas diferentes: é um pouco árabe, um pouco grega, meio egípcia, babilônica, permeada pela cultura cristã etc. A astrologia é mutante, é híbrida.

O enigma da esfinge e os signos fixos: touro, leão, escorpião, aquário

A astrologia é híbrida como a esfinge, uma criatura que aparece em diversas culturas, ora com corpo de leão e rosto humano, ora com corpo de leão e rosto de falcão. Aqui nos interessa um tipo específico: a esfinge grega. Seu rosto é humano, mas tem asas de águia e corpo que parece uma mescla de leão com touro. Reza o mito que a criatura abordava os viajantes em sua jornada e anunciava: "Decifra-me ou devoro-te". O enigma da esfinge, de acordo com a versão de Sófocles, é o seguinte:

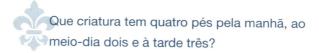
Que criatura tem quatro pés pela manhã, ao meio-dia dois e à tarde três?

No mito, quem soluciona o enigma é Édipo: a criatura é o homem. Afinal, ao nascer, engatinhamos (andamos de quatro), em seguida andamos normalmente apoiados em dois pés e, já velhos, usamos bengala (três pés). A esfinge, furiosa com a resposta, devorou a si mesma.

Mas o que nos interessa aqui no tocante à esfinge é sua composição híbrida. Ela traz em seu corpo a representação dos quatro signos do zodíaco de natureza fixa: seu corpo é parte touro e parte leão, o rosto é humano (aquário) e as asas são de águia (outra manifestação do oitavo signo, escorpião). Às vezes, a esfinge é retratada com rabo de serpente, animal que também equivale ao escorpião.

Você pode estar se perguntando: Por que justamente esses quatro signos? O que teriam de especial?

No sistema astrológico, há três ritmos dinâmicos possíveis: o cardeal, o fixo e o mutável. Os signos cardeais (ou cardinais) são aqueles que abrem as estações: áries, câncer, libra e capricórnio. Os fixos são os que correspondem ao apogeu das estações: touro, leão, escorpião e aquário. E, por fim, temos os mutáveis, que correspondem ao momento em que elas se preparam para mudar: gêmeos, virgem, sagitário e peixes. Na simbologia astrológica, os quatro signos fixos representam os quatro elementos em sua versão mais concentrada, poderosa. Em muitos templos católicos, é possível vislumbrar imagens desses signos. Na Catedral Basílica de Salvador, por exemplo, se olharmos para o teto da igreja, veremos uma águia (escorpião), um touro e um leão alados e um anjo (aquário).

Na verdade, os quatro signos fixos representam os quatro pilares da *ação eficiente*, que é justamente o contrário da esperança. A ação eficiente dependeria da execução de quatro verbos: *saber, querer, ousar, calar*. Segundo a tradição, tais verbos também são os quatro princípios que deveriam ser seguidos pelos magos supremos.

Atente, contudo, para um ponto importante: *não* estou me referindo a pessoas que nasceram com signos solares específicos. Não estou falando de aquarianos, taurinos, escorpianos e leoninos, mas sobre quatro forças astrológicas que existem em *todas* as estruturas de mapa astral de *todos* os seres humanos. Mesmo que você tenha nascido em junho e seu ascendente seja capricórnio, você terá os quatro signos fixos em algum ponto do seu mapa, de acordo com a astrologia. Ou seja, os quatro princípios fundamentais das tradições mágicas estão presentes em *todas* as pessoas.

Primeiro verbo: saber

O *saber* está associado à simbologia do signo de aquário. Relacionado ao elemento ar, aquário representa o conhecimento e a intelectualidade, condições fundamentais para qualquer ação eficiente. *Desejar o que se sabe* é um atributo do pilar aquariano. É o contrário da esperança, que é desejar o que não se sabe. Um exemplo banal: você gostaria de tentar reatar com alguém que já namorou e nunca mais viu, mas que ainda lhe interessa. Você tem a esperança de que o retorno possa ocorrer, e isso implica *não saber* muitas coisas. Você não sabe se o outro está solteiro ou acompanhado, tampouco se tem ou não interesse em você. Para que a possibilidade do retorno se viabilize minimamente, você precisa deixar o estado de esperança (desejo ignorante) e partir para todas as ações que implicam *saber*: Como encontrar a pessoa? Está disponível? Tem interesse em mim? Tudo isso precisa ser verificado. Acima de tudo, você precisa saber o que realmente sente e o que de fato deseja!

Sempre que seu desejo não se atrela ao *saber*, você está paralisado na mera esperança, na ignorância. Repito: é impossível não ter expectativas. Desejamos continuamente coisas que não sabemos. Desejo que meu leitor esteja entendendo tudo o que escrevi, mas eu não sei se isso está de fato ocorrendo. Tenho a esperança de que sim. Mas essa esperança não me paralisa. Não é ela que norteia meus atos. Pouco ou nada posso fazer diante do que ignoro.

Desejar sem saber desencadeia resultados pífios. Veja, por exemplo, o caso de Vinicius. Durante muito tempo, queixou-se a mim de que não conseguia encontrar nenhuma mulher que o agradasse. Quando eu questionava o que ele buscava numa pessoa, ele não sabia me responder. Na verdade, nem ele mesmo sabia o que queria. Quem deseja qualquer coisa recebe qualquer coisa. Mas se *sei*, por exemplo, que gosto de mulheres de tipo mais intelectualizado, posso canalizar meu desejo em direções mais eficientes. Procurarei uma mulher desse tipo em boates? Talvez eu até encontre, mas seria mais eficiente realizar minha buscar em outras paragens: em cursos, congressos, comunidades específicas na internet etc. Saber o que se deseja ajuda a procurar direito. Mas *desejar sem saber é paralisar-se na espera*, conforme nos ensina aquário (e os signos de elemento ar em geral).

Segundo verbo: querer

O *querer*, por sua vez, é um atributo astrológico do signo de leão. Associado ao simbolismo do elemento fogo, leão representa a vontade em seu estado mais intenso. *Desejar o que se quer* é um atributo do pilar leonino. Nesse ponto, você pode questionar: E desde quando alguém deseja o que não quer? Desejar não é querer? Por incrível que pareça, não.

O querer implica vontade, e "vontade" não é sinônimo de "desejo". Pode soar confuso, uma vez que, na linguagem coloquial, usamos os dois termos como sinônimos. Dizemos: "Estou com vontade de comer chocolate". Na verdade, o que sentimos é *desejo* de comer chocolate. A vontade é o que faz você *buscar* o chocolate, é o que estabelece todo o movimento e o curso de ação que o conduz ao objeto do desejo. A vontade não é um sinônimo do desejo, é uma etapa posterior, na qual o desejo se afirma, se movimenta.

Conforme vimos no capítulo anterior, há desejos impotentes. Inúmeros. São os *desejos desacompanhados de querer*. Posso dizer: "Como eu gostaria de encontrar um amor", mas na verdade não faço nada para que isso ocorra. Não conheço novas pessoas, não me faço alguém atraente, mal saio de casa. Trata-se de um desejo sem vontade, de uma esperança passiva. Já ouvi centenas de histórias assim, de pessoas que desejam, mas não querem. Elas não se movem, apenas esperam.

Desejar sem querer é submeter-se à espera, conforme nos ensina leão (e os signos de fogo em geral).

Terceiro verbo: ousar

Ousar é um atributo astrológico do signo de escorpião, provém da intensidade emocional relativa ao elemento água. O oitavo signo do zodíaco representa o arrebatamento apaixonado que nos conduz a sorver a vida até sua última gota, partindo da mais aguda ousadia. *Ousar o que se deseja* é o atributo escorpiano por excelência. Ou, retomando o capítulo anterior, é um desejar gozando, usufruindo. E este é um dos pontos cruciais que demandam entendimento: a felicidade se manifesta sempre que gozamos (usufruímos) do que desejamos.

Você lembra o que falamos sobre Schopenhauer e sua sábia, porém triste frase sobre a vida ser uma oscilação entre o sofrimento e o tédio? Sofremos quando não temos o que desejamos. E, quando obtemos nosso objeto de desejo, sentimos tédio. A existência seria, então, uma oscilação entre o sofrimento e o tédio. Você pensa: *Como eu desejo namorar...* Então você começa um relacionamento e, tempos depois, passa a achar tudo um saco. É por isso que Schopenhauer afirma que não se tem o que se deseja (presente), mas o que se desejou (passado). Só damos valor enquanto não temos.

Mas será que isso é sempre verdade? Claro que não. É fato que a maioria das pessoas consegue se virar bem no *saber* e no *querer*, mas costuma ter sérios problemas em relação ao *ousar* (gozar, usufruir). É bem verdade que, infelizmente, costumamos não dar tanto valor ao que temos. Só que, ao contrário do que preconizou Schopenhauer, isso não é uma condição fatal da existência humana. A coisa tem jeito!

Veja, por exemplo, o caso de Luis. Um rapaz bonito, inteligente, sob diversos aspectos um ótimo partido e, ainda por cima, afeito a relacionamentos. Luis jamais teve problemas para encontrar parceiras amorosas, mas lhe era muito difícil sustentar tais relações. Ele se entediava, conforme descrito por Schopenhauer. Gradualmente, deixava de usufruir daquilo que tinha e, assim, a relação se esfacelava. Luis se portava de modo tão apático e desinteressado, como se estivesse muito confortável, e em algum momento levava um belo de um fora. Em seguida, angustiava-se ao perceber que perdera aquilo que tinha. E, curiosamente, passava a demonstrar tão agudo interesse pela namorada perdida que era chamado de louco. Vejamos a seguir o depoimento de uma das ex-namoradas de Luis:

Até hoje não entendo o que aconteceu. Quando nos conhecemos, ele demonstrou interesse e era uma pessoa tão agradável, tão sedutora... Começamos a namorar, mas a partir do quinto mês tudo mudou. Ele parecia entediado, não me procurava mais sexualmente, parecia interessado em outras coisas. A relação ficou sem graça. Pouco a pouco, fui perdendo o interesse, pois ele se tornou outra pessoa. Terminei me apaixonando por outro cara. Só não entendi por que depois o Luis voltou a demonstrar tanta paixão. Vai ver é doido.

A história de Luis não é nada incomum. Na verdade, é tão usual, que pode ser a história de qualquer um. Homens e mulheres aos montes tendem a se entediar depois que conseguem aquilo que desejaram. Desse modo, desejam sem gozar: mesmo que consigam o que querem, não usufruem. Desejam sem ousar.

Luis, após perder as namoradas, passava a demonstrar interesse por elas novamente, mas em geral já era tarde demais. À medida que amadurecia, contudo, deu-se conta de que o problema era com ele. Deixar de dar valor depois de conquistar era a sua maldição. O gozo do desejo só se manifestava na perda.

Mas o caso de Luis teve uma solução feliz e inusitada. Ele passou a realizar uma *meditação da morte* (o que mais uma vez nos remete ao simbolismo do escorpião), que implica imaginar eventualmente como ele se sentiria se sua namorada morresse ou o abandonasse. Luis se deu conta de que bastava imaginar tais coisas para ser novamente fustigado pela paixão, pelo desejo de gozar, de usufruir do ser amado. Ele passou, então, a *amar o que deseja,* no presente do indicativo! O relato de Luis é bastante ilustrativo de um drama humano generalizado:

Então eu me toquei que o meu problema era uma espécie de ilusão das garantias. Eu pensava: Ela é minha, já a conquistei, não preciso fazer mais nada. *Depois de levar muitos foras e ser acusado de ser pouco atencioso é que entendi ser um grave erro considerar qualquer coisa como garantida. Esse tipo de certeza age em mim como um veneno. Faz com que eu me porte mal. O que me libertou disso foi ter tido um pesadelo. Eu estava namorando a Patrícia e tinha começado a me portar de modo desatento, como sempre. Ela parecia estar suportando tudo muito bem. Mas um dia sonhei que ela terminava comigo, como todas as outras garotas. E acordei angustiado, chorando. Durante uma semana, me comportei como o mais apaixonado dos namorados, pensando:* Como sou feliz porque a tenho! *Desde então, sempre que noto que estou ficando entediado, faço um esforço imaginativo no qual vejo Patrícia me deixando ou morrendo.*

Meditar sobre a possibilidade de perdê-la me faz amá-la cada vez mais. Às vezes estamos juntos, e eu penso que aquela pode ser a nossa última noite. E então a amo mais e mais.

O relato de Luis é emblemático e ilustra perfeitamente quanto temos, em geral, uma péssima tendência a negar a morte e as perdas. Lidamos mal com a simbologia do escorpião zodiacal. Nós nos iludimos e achamos que jamais vamos morrer, ou que as nossas coisas nos pertencerão para sempre. Da ilusão da garantia, passamos a desvalorizar coisas e pessoas e tomamos um verdadeiro choque quando a perda se manifesta.

É Sócrates, nascido quase cinco séculos antes da era cristã, que chama nossa atenção para a importância da lembrança do fim. Costuma-se dizer que, após passar por um duro julgamento, Sócrates foi abordado por um discípulo que, choroso, lhe disse: "Mestre, o senhor foi condenado à morte!", ao que Sócrates, tranquilíssimo, respondeu: "Todos nós fomos".

Mas como meditar sobre a morte e lembrar sua existência pode nos ajudar a ser mais felizes na vida e nos relacionamentos? Não me refiro ao cultivo de nenhuma morbidez, mas a algo salutar: *a libertação da ilusão da garantia*. Lembrar que um dia não estaremos mais aqui pode nos ajudar a gozar mais da vida. Ter ciência de que a pessoa amada pode ir embora pode nos ajudar a lhe dar mais valor. Não é preciso perder para dar valor. Basta lembrar que a perda é sempre uma possibilidade e que nada nos é garantido.

Você já deve ter ouvido ao menos uma vez a famosa frase latina *Carpe diem*, retirada de um poema de Horácio e popularizada pelo filme *Sociedade dos poetas mortos*. Significando literalmente "Aproveite o dia", a frase é muito mais bem compreendida quando acompanhada das demais palavras que fazem parte do verso: *Carpe diem quam minimum credula postero*. A tradução é: "Colhe o dia presente e sê o menos confiante possível no futuro". Devemos usufruir o momento, não nos deixando iludir por nenhuma garantia futura. E foi isso que Luis, a duras penas, aprendeu a fazer. E até que ele aprendeu jovem! Há quem só compreenda essa lição quando já é tarde demais.

Mas é para isto que serve a filosofia: para nos ensinar as condições da felicidade antes que seja tarde demais. O gozo é maior quando levamos a sério a certeza da morte. E a filosofia nos dá este presente: ela continuamente nos lembra que vamos partir.

Desejar sem ousar é estacionar na espera, conforme nos ensina escorpião (e os outros signos de elemento água).

Quarto verbo: calar

Por fim, temos o atributo do *calar*, associado ao touro zodiacal. O silêncio profundo do elemento terra aqui se manifesta, lembrando quanto desejar sem calar pode ser periclitante. Não se trata meramente de fechar a boca. O atributo do touro zodiacal é muito maior que a mera discrição sobre o que se deseja. Há quem aposte em interpretações metafísicas para o *calar*: perde-se energia quando se fala muito, ou algo assim. Mas há outra ordem de interpretação: o *calar* taurino se refere à necessidade de interiorização do desejo. Refletir sobre o que efetivamente se deseja. Falar demais pode fazer com que você se convença de algo irreal. *Calar* lhe permite refletir. Foi o poeta francês Jacques Prévert (1900-1977) quem certa vez disse: "Há momentos na vida em que se deveria calar e deixar o silêncio falar ao coração, pois há emoções que as palavras não sabem traduzir".

Calar pode ser encarado como uma quarta etapa, de natureza conclusiva. Você tem conhecimento (saber) que lhe permite direcionar seu desejo na forma de vontade (querer). Você aprende a ousar, usufruindo e renovando sua relação com o que foi conquistado. Todavia, se fizer propaganda demais, atrairá inveja e cobiça. Era o caso de Isabel, uma mulher de vontade poderosa, inteligente e dedicada. Ela sempre falava tanto do que tinha, de relações a sucessos profissionais, que todos passavam a querer o que era dela. Não foi à toa que por mais de uma vez se viu envolta em problemas de muitas mulheres dando em cima de seus namorados. Isabel falava tanto, que atraía atenção indevida para si.

Desejar sem calar é criar as condições do fracasso, conforme nos ensina touro (e os outros signos do elemento terra em geral).

O amor que proponho, portanto, demanda a conjugação de quatro verbos: *saber, querer, ousar, calar*. São os quatro pilares do templo, as quatro condições da ação mágica eficiente. É a força da esfinge que, se não for decifrada, o devorará em esperança vã. Mas o desejo que se pauta no conhecimento, na vontade, na ousadia e na reflexão é mais que mera esperança. É o espírito em ato.

Você possui os quatro signos fixos em algum ponto do seu mapa astral. Descubra suas posições em www.personare.com.br/os-seis-caminhos-do-amor.

4
JOGOS DE FUGA

Filosofia, como o nome diz, é *amor à sabedoria*. Seria então seu objetivo revelar a verdade? Talvez, mas aí teríamos de nos deter longamente sobre o que é "a verdade". Não tenho essa pretensão. Mas me parece perfeitamente possível aparar algumas arestas e definir o que a verdade *não* é, tentando entender como isso se aplica à nossa vida prática de modo que possamos ser mais felizes (ou menos infelizes) na arte de amar.

Vejamos, então, as dinâmicas mais comuns que podem comprometer nossa felicidade. Os três jogos relatados a seguir constituem a base das estratégias de evasão, as sofisticadas dinâmicas que utilizamos para alimentar a escravidão à esperança.

Primeira dinâmica do erro: apostar todas as fichas no outro mundo

Esse mecanismo faz parte do nosso imaginário há muito tempo, pois se trata do mais poderoso recurso de muitas religiões organizadas: convencer o indivíduo de que, se a felicidade não é encontrada nesta vida, ao menos o será num suposto outro mundo. O mundo transcendental, cuja existência esperamos, mas não podemos afirmar.

Não pretendo lançar contra-argumentos à existência de um mundo sobrenatural. Eu mesmo tenho minhas dúvidas, e em momento algum afirmo sua inexistência. Mas, sendo partidário dos filósofos da imanência, prefiro ser fiel a outro tipo de aposta: se é neste mundo que estou, é ele que me interessa. Outras realidades me mobilizam apenas como curiosidade intelectual. Se o outro mundo de fato existir, seria muito interessante. Se não existir, ao menos não perdi um tempo precioso dando pouca atenção a esta vida. Porque, em essência, este é o problema desse jogo de fuga: a negação da importância desta existência.

Um dos mais ferrenhos combatentes da negação da vida foi o filósofo alemão Friedrich Nietzsche (1844-1900), que não suportava o idealismo preconizado por religiões organizadas. Nietzsche se dedicou a escrever contra a moral transcendente, chamada por ele de "moral da calúnia", por convencer o ser humano de que ele é um vencido e que esta vida é, por natureza, maligna. De acordo com tais dogmas religiosos, conformar-se com a infelicidade agora seria a única escapatória, e a melhor alternativa seria aguardar a alegria na próxima vida. Para Nietzsche, não há essa coisa de "dois mundos". Carne e espírito formam um todo e a Terra já se encontra dançando no céu. Já estamos no paraíso ou no inferno.

Aceitar esta vida como "miserável" e alegrar-se com a possibilidade da felicidade em outro mundo é a maneira de agir de muitas pessoas, que pouco ou nada fazem para mudar a própria existência. Vivem escravizadas pela esperança num mundo do além, em vez de desejar aquilo que efetivamente sabem que existe: esta vida. Ressalto que acreditar em universos transcendentes, em vida após a morte, num paraíso sobrenatural, não é um problema. É complicado quando o indivíduo se concentra exageradamente nessas possibilidades, vivendo em função disso, ou quando a crença parece ser mais uma evasão, uma fuga do mundo da vida.

É possível apostar tudo em outra dimensão, outra vida, outro planeta. É, em essência, a sugestão de Blaise Pascal (1623-1662): apostar a vida na existência de paraísos e infernos metafísicos. Particularmente, me parece uma aposta cara demais, cujo preço é não usufruir desta existência. Em *Pensamentos*, Pascal escreveu: "Só há bem nesta vida na esperança de outra vida". Nesse sentido, estou com Nietzsche e discordo de Pascal. Há muito mais bem nesta vida se eu considerá-la a oportunidade última, única e preciosa que tenho para amar e ser feliz. O que vier depois, *se* vier, será tudo surpresa.

Uma boa forma de verificar se você faz jus ao presente da existência é responder à pergunta proposta por Nietzsche em um de seus mais belos textos, intitulado "O eterno retorno". Escreveu o filósofo:

> E se um dia ou uma noite um demônio se esgueirasse em tua mais solitária solidão e te dissesse: "Esta vida, assim como tu vives agora e como a viveste, terás de vivê-la ainda uma vez e ainda inúmeras vezes: e não haverá nela nada de novo, cada dor e cada prazer e

cada pensamento e suspiro e tudo o que há de indivisivelmente pequeno e de grande em tua vida há de te retornar, e tudo na mesma ordem e sequência – e do mesmo modo esta aranha e este luar entre as árvores, e do mesmo modo este instante e eu próprio. A eterna ampulheta da existência será sempre virada outra vez, e tu com ela, poeirinha da poeira!" Não te lançarias ao chão e rangerias os dentes e amaldiçoarias o demônio que te falasses assim? Ou viveste alguma vez um instante descomunal, em que lhe responderias: "Tu és um deus e nunca ouvi nada mais divino!" Se esse pensamento adquirisse poder sobre ti, assim como tu és, ele te transformaria e talvez te triturasse: a pergunta diante de tudo e de cada coisa: "Quero isto ainda uma vez e inúmeras vezes?" pesaria como o mais pesado dos pesos sobre o teu agir! Ou, então, como terias de ficar de bem contigo e mesmo com a vida, para não desejar nada mais do que essa última, eterna confirmação e chancela?*

Uma possível lição que podemos tirar desse texto fascinante e complexo é a seguinte: Se você descobrisse que toda a sua vida se repetirá nos mínimos detalhes por toda a eternidade, se amaldiçoaria ou ficaria feliz? Ainda que sua existência não seja boa e alegre por completo, há algum momento ou momentos tão magníficos a ponto de fazer você pensar que tudo valeu a pena por conta deles? Pense nisso. Se chegar à conclusão de que *nada* na sua vida faria valer a pena que ela se repetisse, está na hora de criar esse momento. E, para fazê-lo, é preciso *querer esta vida*. É preciso parar de esperar.

---

* Friedrich Nietzsche, *A gaia ciência*. São Paulo: Companhia das Letras, 2001.

Sempre que falo sobre essa dinâmica, me lembro de Juliana, uma moça muito bonita e inteligente que lamentavelmente perdeu o namorado num acidente quando ela tinha apenas 33 anos. Acreditando firmemente na existência de outras vidas, encontrou conforto na ideia de que seu amado ainda existia em outra dimensão e que seria possível encontrá-lo quando ela mesma falecesse. Não há problema algum em alimentar essa crença. Muitos creem exatamente nisso; culturas inteiras acreditam na continuidade da vida após a morte. Entretanto, nem todos procedem como Juliana, cuja vida amorosa paralisou completamente. Mesmo cinco anos depois do que lhe aconteceu, ela se comporta como se ainda fosse namorada do falecido. Desistiu da felicidade nesta existência. Limita-se a esperar a felicidade futura num suposto reencontro em outro mundo. Nesse caso, não é tanto a crença de Juliana que se revela preocupante, e sim o fato de ela se valer dessa espera como um jogo de fuga da vida e de possíveis novos amores.

Segunda dinâmica do erro: autoengano

No primeiro tipo de jogo, negamos a importância desta vida em prol da esperança de uma existência melhor em outro mundo. Na segunda dinâmica, nos contentamos com pouco. Buscamos distrações, migalhas de contentamento que confundimos com felicidade.

No jogo do autoengano, fazemos de conta que somos felizes. Não me refiro aqui especificamente a fazer "vista grossa" apenas para os relacionamentos, embora o ato de "fazer de conta" se manifeste com força nas relações humanas. O jogo é muito mais amplo do que parece: há quem finja contentamento o tempo todo. Há quem faça de conta que é feliz e repita tal coisa tantas vezes para si mesmo, que termina por acreditar. Essa é a estratégia de muitos livros de autoajuda cujo tema gira em torno de afirmações positivas. Você repete tanto algo otimista que acaba se convencendo da realidade da afirmação. Não há nada de filosófico nisso.

Aliado à estratégia do autoengano, temos o instrumental da diversão incessante, que se manifesta na forma de inúmeras possibilidades fornecidas pelo mundo como forças de distração. E não estou me referindo aqui diretamente a drogas que embotam a realidade, as quais, evidentemente, podem ser formas extremas de fuga. Refiro-me a coisas bem mais banais: tudo aquilo que nos forneça uma série de pequenas alegrias fugidias, para que assim nos esqueçamos do vazio que deveras sentimos. Há, por exemplo, quem não se droga, mas passa a vida diante da TV, sendo feliz por osmose, vibrando com as alegrias dos ídolos ou se contentando com enredos de novelas. Mais uma vez, insisto: a distração em si não é um problema. Viver em função delas é que constitui uma séria complicação, uma forma de negação da própria existência.

A história de Clara e Luciano ilustra bem como funciona essa dinâmica, e ela é tão comum que poderia ser a história de qualquer um. Casados há oito anos e ainda bastante jovens, Luciano demonstra crescente desinteresse sexual por Clara e deixa evidente todas as pistas possíveis de que tem uma amante. A relação com Clara é provavelmente mantida por preguiça de começar de novo, pelo fato de terem dois filhos pequenos, ou por tudo isso junto. Clara, por sua vez, é especialista em fazer de conta que tudo está indo bem; ela parece não se incomodar com a situação e propagandeia seu relacionamento para os amigos como "perfeito". Seria possível que ambos fossem felizes com uma história assim? Sim. Há casais que não se importam em manter uma relação semiaberta. O problema, nesse caso, é que tanto Luciano quanto Clara demonstram sua infelicidade em diversos atos falhos e somatizações variadas. Luciano, que trai a esposa, sofre de insônia crônica desde que começou a ter um caso. Talvez sinta culpa. Clara, que chora por dentro, mas mantém um semblante sorridente o dia todo, vive resfriada desde que o relacionamento paralelo do marido começou – ela sorri, mas seu corpo chora todos os dias. Em casos de fingimento, o corpo entrega. Ambos se enganam e se recusam a conversar. Não admitem seus sofrimentos nem para si mesmos.

Terceira dinâmica do erro: fantasia de onipotência

Nesse terceiro tipo de jogo, assumimos nosso descontentamento em relação à nossa vida e apostamos nossas fichas num futuro promissor. Se o agora não é nem um pouco satisfatório, o amanhã é bem reluzente e a mente transforma tudo. Ou assim creem algumas pessoas, cujo temperamento otimista as faz apostar todas as fichas na esperança e no poder do pensamento positivo. Essa dinâmica de jogo é também fomentada pela maioria dos livros de autoajuda contemporâneos. A mensagem é clara: se pensarmos positivo, atrairemos um futuro melhor.

Mas será que mentalizar é suficiente? Será que as coisas são tão garantidas assim? Não coloco em questão a importância de uma postura positiva diante da vida, algo de fato saudável e louvável. Questiono, contudo, a obrigatoriedade da alegria histérica e a falsa ideia de que o universo atende aos nossos desmandos. Na prática, o que se observa é bem diferente: nem sempre a esperança se traduz em realidade, por mais intenso e fervoroso que seja o nosso pensamento. Mas o marketing é forte: os partidários da mente todo-poderosa sempre se encarregam de selecionar os casos em que algo de bom aconteceu e ignoram seletivamente aqueles em que a esperança foi frustrada. Funciona assim tanto em algumas religiões organizadas quanto em alguns cursos de pensamento positivo.

Um dos maiores problemas desencadeados pela autoajuda comercial é que ela é atraente e persuasiva e converte em culpado aquele que não consegue realizar seu intento. É sempre possível, afinal, insinuar (ou afirmar) que algo não aconteceu porque você não desejou *de todo o coração* ou não acreditou *de verdade*. Diante da esperança frustrada, o indivíduo ainda encontra razões para se sentir culpado. E, persuadido pela fantasia de que tudo é questão de *acreditar com mais força*, se vê enroscado num tipo de jogo no qual o amanhã pode ser mais brilhante que o agora.

A autoajuda contemporânea em geral termina por ser perversa em sua ingenuidade. Na prática, coisas boas e ruins acontecem a pessoas boas e coisas boas e ruins acontecem a pessoas ruins. Se você se porta bem com o intuito de manter algum tipo de comércio com o universo, lamento dizer, mas você vai levar calote. A recompensa de ser uma boa pessoa não é "obter coisas boas", mas apenas ser uma boa pessoa.

O caso de Maria Lúcia é emblemático. Antenada com as grandes novidades do mercado de autoajuda, ela tem uma estante lotada de livros que tiveram bom marketing, mas cujo conteúdo é, no mínimo, questionável. Sente atração por agrupamentos místicos que prometem resultados positivos do tipo "se você acreditar muito". Como a vida dela não muda e a vida amorosa continua horrível, Maria Lúcia acredita que não está "mentalizando direito". Mas o problema real é outro: divorciada da realidade, essa moça joga todas as suas cartas nos poderes da mente e mal cuida do corpo. Desmazelada, pouco atraente e cada vez mais fanática, Maria Lúcia se tornou o oposto de um ser humano interessante.

Na esfera da realidade, não basta mentalizar. É preciso agir. Não basta "se comportar bem". É preciso estar preparado para lidar com os desafios da existência e compreender a importância de passar por situações de perda. É preciso, acima de tudo, entender que as perdas fazem parte do processo. Aquele que só espera vencer já perdeu e nem sabe.

Desfazendo os jogos de evasão: uma filosofia da não espera

Todos nós, em maior ou menor grau, elaboramos esses sofisticados jogos de fuga capazes de paralisar não apenas a nossa vida afetiva, mas a nossa existência como um todo. Costumamos nos dar conta desses processos de evasão apenas quando somos bem mais velhos. Pois bem, um dos grandes objetivos da filosofia é nos proporcionar sabedoria antes que seja tarde demais. Na verdade, filosofar dói a curto prazo: fustiga nossa mente, desfaz ilusões. Não filosofar, todavia, cobra seu preço a longo prazo, como podem confirmar todos aqueles a quem a sabedoria só veio no ocaso da existência. A primeira lição importante seria esta: citar filósofos sem absorver o que disseram não é filosofia, mas agir como papagaio.

Insisto, portanto, na importância de uma educação filosófica. Educação essa que, vale salientar, não está atrelada à faculdade de filosofia, muito menos a religiões específicas, ou a esse ou àquele filósofo. Você pode, neste momento, se perguntar qual seria afinal "o melhor filósofo" para ajudá-lo a crescer em sabedoria e, assim, neutralizar os jogos de fuga. Só que, diferentemente da ciência e da tecnologia, a filosofia não se pauta em conceitos de progresso. Podemos dizer, sem medo de errar, que um computador feito em 2012 é muito melhor – em todos os sentidos e sem nenhum relativismo – que um vendido em 1997. O mesmo raciocínio não se aplica, contudo, à filosofia. Seria uma completa tolice dizer que a filosofia kantiana é superior à platônica, ou que Foucault é "filosoficamente melhor" que Nietzsche porque uns são mais recentes que os outros. Curiosamente, há no universo filosófico um raciocínio oposto, igualmente falacioso: a Antiguidade seria superior ao pensamento elaborado pelos modernos e contemporâneos. Divinizar Sócrates e Aristóteles como se tivessem a chave secreta do universo é uma postura tão pouco filosófica quando descartá-los sob a alegação de que foram "superados". Eis, então, a segunda lição importante: filosofia não é tecnologia que evolui com o tempo, tampouco é um manancial de verdades inquestionáveis. Evidentemente, há considerações filosóficas tornadas superadas em decorrência da descoberta dos fatos. Mas o fato de Aristóteles, por exemplo, ter se enganado em alguns aspectos do entendimento das leis da natureza não o torna errado em tudo.

A estratégia contra evasões, o objetivo maior deste livro, é pouco comum e demanda educação filosófica. É, antes de tudo, uma sabedoria que pode ser desenvolvida com o passar dos anos e, em alguns casos, com estudo dedicado. Quando nos dispomos a filosofar, somos capazes de rejeitar o senso comum e, assim, não nos deixamos fisgar pelas três fantasias: a de que tudo está bem mesmo não estando, a de que um futuro melhor nos é garantido e a de que há outro mundo no qual a felicidade é possível.

Para realizar essa dinâmica, é preciso aprender definitivamente a não confundir *desejo* com *esperança*, nosso foco neste livro. É preciso se libertar da última praga do vaso de Pandora.

Com os golpes da vida, acabamos desconfiando da própria alegria. A felicidade, pensamos, não pode ser tão boa assim, se é tão fugaz, tão dependente de algo externo, tão efêmera e nos vem apenas para nos deixar infelizes quando fatalmente se vai. É recomendável, portanto, fazer uma viagem no tempo, voltar até o helenismo, recuperar algo da filosofia estoica. Pode soar irônico retornar ao passado para procurar respostas a males atuais. Mas basta se dar conta de que o vazio existencial, o sofrimento e a dor não são, em absoluto, males modernos. São condições existenciais atemporais, cuja solução a autoajuda contemporânea não oferece, salvo pequenas receitas de bolo aqui e ali que, no fim das contas, desapontam e não resolvem muito. O estoicismo, com toda a sua antiguidade, nos oferece a possibilidade de desenvolver – cada um a seu tempo – a consciência promissora do estabelecimento de um poder duradouro, o poder oriundo de um caráter bem formado, de um corpo ético sustentado por um sólido esqueleto.

Já me referi, nos capítulos anteriores, àquele que é talvez o primeiro livro de autoajuda filosófica da história ocidental: *Cartas a Lucílio*. Na primeira carta, por exemplo, Sêneca exalta a importância de valorizar o tempo. Segundo ele, o tempo é a única coisa que podemos afirmar ser inteiramente nossa e que ninguém pode nos tomar. Ele é nosso, podemos jogá-lo fora ou aceitar de bom grado a responsabilidade de torná-lo útil. Ao contrário de ser visto como inimigo, ele é o nosso único garantido amigo. O passado é morto, não pode ser mudado. O futuro não nos é garantido. Resta-nos, portanto, abraçar o tempo presente, aquele do qual dispomos, e fazer algo com ele.

O tempo do agora é a antítese de todas as estratégias de evasão. O mundo que se faz presente é este no qual você se encontra e é importante demais para ser desperdiçado. *Carpe diem quam minimum credula postero.* Chega de esperança, chega de esperar! Aquele que pretende vivenciar o amor e fazê-lo valer como ato e verbo em sua vida precisa conhecer todas as suas faces, pois há muitas. Vamos a elas!

Parte 2

UMA PSICOLOGIA DO AMOR

5
AS SEIS FACES DO AMOR

Foi nas décadas de 1970 e 1980 que o psicólogo norte-americano John Lee desenvolveu a teoria estilos de amor. Posteriormente, o casal Clyde e Susan Hendrick, da Texas Tech University, aperfeiçoou a ideia original de Lee, investigando mais de 1.800 pessoas por meio de entrevistas minuciosas. O que se descobriu foi que casais formados por indivíduos com o mesmo estilo afetivo tendem a ter relacionamentos duradouros.*

O fato é que Lee não criou sua teoria do nada. Ele se baseou nas diferentes formas de amor descritas pelos gregos antigos. Assim como um esquimó tem ao menos sete termos diferentes para aquela coisa branca e gelada que chamamos de neve, para os gregos não fazia o menor sentido se referir a todas as formas de amar por meio de uma única palavra. Ou seja, assim como há vários nomes para a neve, há vários tipos de amor.

---

* O resultado detalhado dessa pesquisa pode ser lido no artigo "A Theory and Method of Love", *Journal of Personality and Social Psychology*, fevereiro de 1986.

Você deve estar se perguntando: Mas quantas faces do amor existem? O que as caracteriza? Como identificá-las? Pois bem, os gregos antigos tinham pelo menos seis termos diferentes para essa experiência que, para nós, tem um único nome. Possivelmente havia outros termos, mas Lee desenvolveu seu trabalho a partir de seis. São eles:

1. *agape*, o amor altruísta;
2. *pathos*, o amor paixão;
3. *philia*, o amor amizade;
4. *ludus*, o amor jogador;
5. *pragma*, o amor conveniente;
6. *eros*, o amor sensual.*

Talvez este seja um dos problemas de nossa civilização contemporânea: enfrentamos complicações nos relacionamentos em parte porque "amor" não significa a mesma coisa para todos. Enquanto os antigos tinham nomes bem definidos para cada manifestação do ato de amar, nós usamos a mesma palavra para significar coisas muitas vezes distintas e contrastantes. Não é à toa que ocorrem tantos desencontros e frustrações. Não quero dizer que os antigos "amavam melhor" que nós, longe disso. Mas no mínimo tinham menos problemas de comunicação quando discorriam sobre o amor, pois sabiam dar os nomes certos aos bois.

---

* Em seu trabalho original, John Lee chamou *pathos* de *mania*. Já *philia* é por ele intitulado de *estorge*, uma divindade da amizade. No entanto, a diferença de nomenclatura não tem grande importância para a compreensão da teoria.

Sutilezas das cores

Para tudo o que escrevo ficar mais claro, lançarei mão do exemplo das cores. Para um artista, há incontáveis maneiras de defini-las. Nós, pobres mortais, conhecemos apenas alguns nomes: vermelho, verde, azul, amarelo etc. Então, digamos que você e três amigos declarem gostar da mesma cor: azul. Um tem de dar um presente para o outro, e a condição preestabelecida é que o objeto seja azul. Ocorrida a troca, todos ficam agradecidos, mas secretamente um tanto desapontados. Acontece que o azul de um não é o mesmo do outro. Todos reclamam com o artista: "Pedi azul, mas não este azul". O especialista sorri e diz: "Claro que não. Nenhum desses objetos é azul e, ao mesmo tempo, todos são. O primeiro é ciano, o segundo é celeste, o terceiro é naval e o quarto é água".

Para os gregos, o amor é como a cor para um artista, ou como a neve para os esquimós. É possível chamá-lo de vários nomes. Todos esses diferentes termos serão amor e, ao mesmo tempo, nenhum deles sozinho revelará a inteireza desse sentimento. Se isso não for muito bem compreendido, você passará a vida como os quatro amigos do exemplo anterior: frustrado, porque o que lhe deram não era bem o que você esperava, ou porque não valorizaram o que você tinha a oferecer. Esse desencontro sempre chamou minha atenção. Vejo as pessoas reclamando constantemente do fato de estarem dispostas a amar, porém queixando-se de seus parceiros. Mas, se todos estão a fim do amor, o que será que acontece? Será que o problema tem a ver com a alegoria das cores que acabamos de ver? João e Maria querem, ambos, amar. Metaforicamente, podemos dizer que os dois gostam de azul. João, todavia, gosta de ciano; Maria, de azul-celeste. Um acusa o outro de não oferecer "o verdadeiro azul". Eles se separam e se queixam um do outro. Pensam que estavam falando da mesma coisa, mas não estavam.

Sobre oposições e semelhanças

É preciso refinar a sensibilidade para compreender que o amor tem diferentes nomes, assume diferentes faces. E, a partir daí, buscar pessoas que se interessam pelo mesmo padrão. Contrariando o que nos diz o senso comum, não são os opostos que se atraem, e sim os semelhantes, *pelo menos no que diz respeito aos "tipos de amor"*. Ao que tudo indica, funcionalidade e durabilidade demandam mais semelhanças que oposições nesse quesito.

Sei que pode soar um pouco confuso. No capítulo 1, apresentei o exemplo de um casal cujas afinidades eram maiores que as diferenças e, ainda assim, o fim da relação não foi nada bom. Há de fato casos em que as pessoas envolvidas não têm maturidade para lidar com diferenças, por menores que sejam. Entretanto, é preciso compreender que o problema não se resume às diferenças de gosto. Evidentemente, gostos similares ajudam a preservar os relacionamentos. Mas o maior problema diz respeito a quando os estilos afetivos de cada parte do casal são distintos demais. Nesse caso, as pesquisas de Lee e do casal Hendrick não deixam dúvidas: os semelhantes se atraem.

Pensemos num exemplo em que o casal é composto por duas pessoas absolutamente opostas *no que tange aos gostos*: Carlos gosta de música clássica, é vegetariano e aprecia filmes alternativos do circuito europeu. Ama animais e crianças. Vivian, em contrapartida, prefere música sertaneja, adora churrasco e gosta de comédias americanas. Também ama animais, mas tem verdadeiro horror à ideia de ter filhos, além de uma impaciência geral com crianças. Eles se conhecem numa festa e sentem atração física um pelo outro. Ainda que tenham se atraído, quais as possibilidades de esse relacionamento durar? Onde eles se encontrarão? De que modo articularão tamanhas diferenças? É bem provável que, no primeiro encontro, foquem sua consciência numa das únicas coisas que têm em comum: o amor pelos animais. A atenção seletiva é um fenômeno bastante frequente nos primeiros encontros. É natural que duas pessoas fisicamente atraídas busquem, de modo inconsciente, aquilo que têm em comum – mesmo que seja algo bem pequeno se comparado a todo o resto.

Ao longo dos dias, todavia, a relação passa por desafios consideráveis, pois as diferenças vão se tornando cada vez mais evidentes. Há poucas possibilidades de diversão em conjunto, assim como quase nenhum gosto em comum. A alegria tem a propriedade de se multiplicar quando partilhada. Mas o que acontece quando a partilha não é bem-vinda? Imagine a cena: Carlos chega alegre em casa porque conseguiu convites para a orquestra sinfônica, mas não encontra em Vivian receptividade à sua alegria. Ela pode até fingir, mas por quanto tempo e a que custo? Vivian pode ainda comprar o mais famoso CD de música sertaneja do momento, entretanto Carlos pode não se empolgar com isso.

O fato é que, gostemos ou não, todos buscamos o semelhante. Note bem: "semelhante" não quer dizer "igual"! Os que buscam o idêntico são aqueles ainda escravizados pelo mito da alma gêmea. Buscamos o semelhante com *alguns* pontos contrastantes: um é mais introvertido e o outro, extrovertido; um é racional, o outro, emotivo; um é mais cauteloso e o outro, mais aventureiro. A complementaridade ocorre nessas oposições, contanto que a base (leia-se: a face do amor) seja a mesma.

Porém, por mais incrível que pareça, a relação de Carlos e Vivian poderia dar certo. Para isso, bastaria que ambos estivessem sintonizados com a mesma face do amor, o mesmo tipo afetivo. Em contrapartida, um casal cujos gostos são quase idênticos pode não dar certo porque se sintonizam em faces do amor completamente opostas. Quantas vezes você já se deparou com histórias parecidas? Duas pessoas que tinham tudo a ver, tentaram namorar e o relacionamento não durou. Outras duas, de mundos incrivelmente diferentes, vivem juntas por anos. Quando vemos situações desse tipo, costumamos dizer que os opostos se atraem. Ledo engano. Eles têm apenas *gostos* opostos, mas estão sintonizados com a mesma face do amor.

Esta é, portanto, a mais importante lição deste capítulo: a semelhança de gostos ajuda, mas não é o fundamental para uma relação funcional. Do mesmo modo, se um casal tem gostos muito diferentes, isso pode atrapalhar um pouco, mas o diferencial tanto no primeiro quanto no segundo caso envolve justamente as faces do amor. Se as pessoas são muito distintas, a afinidade se desfaz em pouco tempo. Se são semelhantes, ocorre uma reação química capaz de prolongar o encontro.

Nas próximas páginas, vamos entender qual o verbo de cada uma dessas faces. Mais do que isso: vamos entender que culturas diferentes valorizam mais um tipo de amor que outro. E que dificilmente tais estilos vêm sozinhos, pois na verdade eles se entrecruzam e se fazem valer em duplas, trios ou quartetos na maioria das pessoas. Além de tudo, é preciso ter ciência de que todos nós, sem exceção, temos dificuldade em alguma face do amor. Simplesmente, não sabemos conjugar o verbo amar a partir daquela "cor" específica.

Faces do amor: diferenças culturais, científicas e esotéricas

Quais as razões dessas diferenças? Em primeiro lugar, podemos falar da cultura e da época. A cultura oriental costuma valorizar *pragma* e *philos*, enquanto os brasileiros vibram mais na frequência de *eros*, *pathos* e *ludus*. O cristianismo exalta *agape* acima de todas as coisas, mas as canções populares ocidentais versam quase que exclusivamente sobre *pathos*. Que confusão, não é mesmo? Segundo neurocientistas, médicos e tantos outros pesquisadores, há também diferenças na química individual decorrentes de questões genéticas, ou mesmo relativas à idade ou às singularidades de cada sexo. De fato, os jovens, por questões hormonais, são mais inclinados a vivenciar *pathos*, e os mais velhos descobrem, com o tempo, o alto valor de *philos*. As diferenças de gênero sexual também parecem influir, embora não haja consenso se tais distinções têm razões biológicas ou se são culturalmente construídas. Mulheres parecem ser mais propensas a *agape*, enquanto homens parecem mais sensíveis a *eros*. Por sua vez, o discurso astrológico sustenta que cada "tipo zodiacal" está mais afinado com essa ou com aquela face do amor. De acordo com a teoria astrológica, a pessoa que nasce com o planeta Vênus no signo de capricórnio, por exemplo, vive mais o amor-*pragma*, enquanto Vênus em gêmeos vive mais o amor-*ludus*.

Mas será que as razões importam? Creio que debater quais razões levam cada pessoa a se sintonizar melhor com uma face do amor do que outra é menos importante do que a derradeira lição: *Tudo isso é amor, mas nada disso resume em si a experiência de amar*. Muito provavelmente, cada um de nós vivencia mais uma nuance que outra por motivos polivalentes: depende um pouco do ambiente em que fomos criados, da biologia e, segundo astrólogos, tem a ver com motivos esotéricos. Mais importante do que conhecer as razões é saber identificar e vivenciar bem a(s) sua(s) face(s) do amor. E ainda mais significativo é compreender que nenhum desses tipos é "melhor" que outro – embora alguns sejam mais estimulados por essa ou por aquela cultura.

Faces do amor: como medi-las?

Ainda que seja perfeitamente possível identificar com qual face do amor mais nos sintonizamos, é importante salientar que tais diagnósticos não são precisos. Soa até esquisito imaginar a possibilidade de destrincharmos o amor em nossa vida como quem mede as taxas de substâncias num organismo. Tenha em mente, portanto, os seguintes pontos:

1. Você traz consigo todas as faces do amor, ainda que algumas em graus maiores que outras. Não crie a fantasia de medidas químicas, do tipo "você tem 50% de *pathos*, 12% de *pragma*, 6% de *agape* etc". Elas não fazem sentido por duas razões: variam muito ao longo da vida, ainda que uma força dominante se mantenha, e qualquer número aplicado a abstrações não passa de suposição. Ainda assim, é possível identificar, a partir de testes psicológicos, faces dominantes e outras mais fracas. Muitas vezes, tais testes nem são indispensáveis. Costumamos saber qual é a nossa face do amor dominante ou fraca só de "passar o olho" pelas descrições. De qualquer forma, o *site* Personare disponibiliza um teste baseado no trabalho de John Lee, no seguinte endereço: www.personare.com.br/os-seis-caminhos-do-amor.

2. As faces do amor dominantes podem mudar ao longo da vida, pelas razões já mencionadas. Quanto mais jovens, mais sensíveis a *pathos* nós somos, mas isso costuma mudar com o amadurecimento. Mesmo assim, a maioria das pessoas manifesta uma ou duas faces do amor que se mantêm constantes. Seriam faces estruturais. Se você for "naturalmente *pathos*", por exemplo, será sensível a essa face do amor mesmo quando tiver 70 anos.

3. Apesar de não ser comum, muitas pessoas têm uma autoimagem que não coincide em nada com a realidade. Por isso, nada impede que você responda ao teste das faces do amor (ou a qualquer outro tipo de teste psicológico) e obtenha um resultado irreal. Costumo recomendar que as pessoas peçam que amigos íntimos, familiares ou amantes também

respondam ao teste tendo em vista o que pensam a seu respeito. Você pode tomar um susto! Conheço uma garota, por exemplo, que se acha um modelo de racionalidade, mas todos os seus atos a desmentem – ela é pura paixão. Por alguma razão, ela responde a tudo a partir do que acha que *deveria* ser, não do que efetivamente é. Por isso testes psicológicos, por melhores que sejam, não são infalíveis, sobretudo quando realizados sem a assessoria de um profissional qualificado. Numa sessão psicológica ou psicanalítica, o profissional fica atento não só ao que o indivíduo diz sobre si mesmo, mas principalmente aos atos falhos manifestados pela linguagem corporal, pelos sonhos etc.

4. Não encare o conhecimento das faces do amor como uma forma de se justificar, mas como uma possibilidade de aprender mais sobre si mesmo, sobre suas potencialidades e limites.

Como a esfinge mítica, o amor é um híbrido composto por pelo menos seis forças. Decifrá-lo impede que ele nos devore. Comecemos, então, nosso grande desafio!

Na página www.personare.com.br/os-seis-caminhos-do-amor você pode fazer um teste e identificar quais são suas faces do amor dominantes e quais são as mais fracas.

6
PATHOS:
O AMOR PAIXÃO

Verbos de *pathos*: devorar, apaixonar-se, fantasiar, oscilar, sofrer, arder

Foi o filósofo francês Michel Foucault (1926-1984) quem nos alertou* sobre a discrepância entre a cultura clássica e a contemporânea no que diz respeito ao uso das palavras para designar muitas noções. Enquanto nós falamos em "amor" e "sexualidade" como entidades únicas que permitem agrupar uma série de coisas contraditórias como se fossem da mesma natureza, os gregos (e mesmo os latinos) tendiam a se valer de uma multiplicidade de termos para se referir às noções afetivas. Seria impensável para eles, por exemplo, usar a mesma palavra para se referir ao sentimento passional/desafiador existente entre Romeu e Julieta e o sacrificial/abnegado que marcou a relação

---

* Em *História da sexualidade*. São Paulo: Contexto, 2010.

entre são Francisco de Assis e santa Clara. Se contemporaneamente dizemos que ambos são "amor", assumimos que pertencem à mesma categoria, quando na realidade não pertencem. Já um grego clássico chamaria o primeiro de *pathos* e o segundo de *agape*.

Comecemos, pois, por essa que é a face do amor mais conhecida pela maioria de nós, ocidentais. Cantado pela maioria das músicas populares e praticamente um amigo íntimo da maioria dos adolescentes, *pathos* é, nas palavras de Camões: "[...] fogo que arde sem se ver/ é ferida que dói e não se sente/ é um contentamento descontente/ é dor que desatina sem doer".* *Pathos* não demanda nenhum esforço elaborado de entendimento: trata-se da paixão, algo que você provavelmente já experimentou em algum momento da vida. Exatamente aquele sentimento que aflora quando achamos que não conseguiremos viver sem determinada pessoa.

A palavra "paixão" vem do grego *pathos*, a mesma da qual deriva o termo "patologia". É curioso notar que o termo em latim é semelhante: *patior*, sofrimento. Por isso não é de espantar que, quando alguém se depara com essa face do amor, a sensação é de estar com alguma doença, e há, de fato, diversas relações entre estar apaixonado e ser acometido por problemas psicológicos. John Lee, em seu sistema de tipos de amor, preferia usar o termo *mania* para se referir a esse sentimento. Aquele que experimenta o *amor-mania* (ou amor-*pathos*, como prefiro designá-lo) tem baixa autoestima e praticamente vive em fun-

---

* Luís Vaz de Camões, "O amor é fogo que arde sem se ver", século XVI.

ção das oscilações decorrentes de seus extremos emocionais. Ansiedade, ciúme e muita insegurança são as maiores manifestações negativas dessa face do amor. Num sentido positivo, é *pathos* que nos permite ter desejo de viver, "tesão" pela existência. Ruim com ele, pior sem ele. Alguns dizem que essa face é o "tempero do amor", mas não há nada de temperado no ciúme e na paixão. Pelo contrário, *pathos* pode ser definido como o *destempero do amor*.

No amor-*pathos*, nada mais importa além do objeto da paixão. E sua ausência é sentida de modo similar à abstinência de drogas pesadas. Em termos biológicos, *pathos* está associado à baixa de serotonina, uma substância que atua na comunicação entre os neurônios. Pesquisas variadas demonstram que os níveis de serotonina num indivíduo apaixonado são tão baixos quanto os dos portadores de transtorno obsessivo-compulsivo. Mas é complicado dizer aqui o que atrai o quê. Os indivíduos estão com baixo nível de serotonina porque foram acometidos pela paixão, ou é esse baixo nível que os torna suscetíveis a esse tipo específico de amor? No entanto, uma coisa é fato: pessoas muito deprimidas apresentam baixa de serotonina e sentem o mesmo que qualquer um de nós sente quando está muito apaixonado e é abandonado. Sei que não é lá muito romântico comparar a agonia da ausência do ser amado com a abstinência de uma droga, mas as reações fisiológicas são por demais similares para ser ignoradas.

Os gregos antigos não gostavam de *pathos* e não é à toa que chamavam essa face do amor pelo termo que deu origem à palavra "patologia". Consideravam os acometidos pela paixão como doentes capazes de contagiar os demais e prescreviam uma série de coisas que, em tese, ajudariam a curar tal sentimento. Em suas pesquisas sobre a história da sexualidade, Foucault relata uma série de prescrições utilizadas pelos antigos a fim de neutralizar os efeitos inconvenientes de *pathos*. Para o pensamento grego clássico, tal sentimento é virtualmente excessivo e a grande questão moral consiste em saber administrar essa força.

Em *A República*, Platão descreve as quatro virtudes fundamentais para o bem viver: a coragem, a sabedoria, a justiça e a temperança. Essa última, chamada pelos antigos de *sophrosyne*, consiste no domínio sobre as paixões. Se cabia ao homem comandar, tal comando devia começar como um domínio sobre si. A submissão às paixões tornaria o homem demasiado passivo (palavra que também se origina de *pathos/patior*) e prejudicial à cidade. Não que as mulheres também não tivessem a obrigação de cultivar a temperança, mas a ausência do domínio de si mesmo era especialmente desprezada nos homens. Podemos perceber que ainda hoje temos por hábito tolerar mais o estado de descontrole passional nas mulheres, considerando-o "mais vergonhoso" quando demonstrado por um homem. Somos herdeiros dos gregos, afinal.

É Hipócrates (460-377 a.C.), conhecido como o pai da medicina, quem estabelece as prescrições gerais para evitar ou mesmo curar as paixões. No livro IV de *Epidemias*, o pai da medicina descreve os exercícios (*ponoi*), os alimentos (*sitia*), as bebidas (*pota*), as relações sexuais (*aphrodisia*) e a importância do sono (*hipnoi*). Cada uma dessas coisas deveria respeitar as estações do ano e as horas consideradas convenientes. Há um tempo para tudo (dormir, se exercitar, comer isso ou aquilo etc.), e seguir tais preceitos disciplinares significaria prevenir-se contra os descontroles da paixão. Compreende-se, a partir daí, que o que está em xeque não é meramente o cuidado com o corpo, mas o estabelecimento de uma ética baseada no desenvolvimento da moderação, da temperança (*sophrosyne*). Conforme afirma o livro IX de *A República*, o homem sensato "não se entregará ao prazer bestial e irracional".

Quanto contraste com os dias de hoje! Nossa cultura ocidental contemporânea, ainda que descenda da grega clássica, exalta e estimula *pathos*. Quase todas as músicas populares versam sobre o prazer e o sofrimento intensos proporcionados pelas agruras da paixão. Os filmes e as novelas de maior sucesso são aqueles cujo tema principal envolve essa face específica do amor. Mesmo nossas atuais prescrições dietéticas não visam necessariamente ao desenvolvimento do autodomínio, como podemos constatar ao verificar os modelos de magreza excessiva das mulheres e de músculos hiperdesenvolvidos a qualquer custo dos homens. A dietética contemporânea visa mais à vaidade que ao autodomínio e beira a obsessão, em vez de estimular a virtude da temperança.

Não sustento aqui que o modo de vida dos antigos seja melhor que o nosso. Uma vida que evita *pathos* a todo custo também cobra seu preço. A comparação que ora faço serve para demonstrar quanto culturas diferentes valorizam mais essa ou aquela face do amor. Os gregos rejeitavam *pathos*. Nós, em compensação, o adoramos e incorremos no erro de considerar que o amor se resume às loucuras da paixão.

Em decorrência das explosões hormonais, justifica-se que *pathos* seja uma poderosa face do amor quando ainda somos muito jovens. Por isso, são raros os adolescentes que jamais viveram tal sentimento. *Pathos* se manifesta com a voracidade de uma necessidade que chega a ser fisiológica. Quando esse tipo de amor nos toca, temos a impressão de que não conseguiremos viver sem a pessoa amada. Se a outra pessoa também vibrar na mesma frequência, o resultado é concomitantemente belo e terrível de se ver. Casais apaixonados são ao mesmo tempo lindos e ridículos. Nada pode se interpor entre eles. Qualquer eventual obstáculo serve apenas para ampliar o poder de *pathos*. Aparentemente, o único elemento capaz de diminuir a intensidade desse sentimento é o próprio tempo, seja o tempo implicado no processo de amadurecimento individual, seja a convivência cotidiana e realista das partes envolvidas.

Pathos demais

Não é preciso muito esforço para buscar casos em que *pathos* se torna uma força exagerada na vida de alguém. O relato da leitora que assina usando o pseudônimo Abelha ilustra bem o que acontece quando somos fisgados pela paixão. Diz ela:

Eu estava separada havia dois meses e a última coisa que eu queria era uma nova relação. Depois de dezoito anos num casamento doentio, o que eu queria mesmo era aproveitar a liberdade. Mas quis o destino que naquele sábado eu conhecesse o homem que mudaria minha vida para sempre.

Em geral, as histórias dessa face do amor começam exatamente assim: marcadas pelo inesperado, pelo lampejo súbito, nos dando a sensação de algo difícil ou impossível de controlar. Ao contrário do que muitos pensam, *pathos* não tem exatamente a ver com sedução pela aparência e, por vezes, se manifesta nas circunstâncias menos prováveis e mais ridículas. Note o que descreve a leitora:

Eu estava na casa da mãe dele, que era cabeleireira. Eu estava daquele jeito que a gente fica quando está fazendo mechas nos cabelos, com uma capa preta cobrindo o corpo e tiras de papel-alumínio por toda a cabeça. Ele entrou suado, vindo de uma partida de futebol. Havia cerca de meia dúzia de mulheres na sala, mas o olhar dele foi ao encontro do meu. Foi fulminante, e ali estava eu, literalmente sentindo um amor à primeira vista. Ele tinha 26 anos, e eu, 40. Como isso poderia acontecer?

Relações que começam em situações tão intensas e imprevisíveis costumam ter a indelével assinatura de *pathos*. E, quando a paixão é recíproca, o usual é justamente a dinâmica de um relacionamento daqueles que chamamos de "novela mexicana": as pessoas se divertem *muito*, brigam *muito*, reatam, se separam, reatam, se separam, tudo é *muito*, tudo é *demais*. Conforme ilustra a leitora, ao descrever sua relação:

Isso aconteceu há oito anos. Viajamos muito, rimos juntos e brigamos demais. Noivamos, nos casamos, nos separamos e voltamos. É uma relação turbulenta, mas nunca amei assim, nunca fui tão feliz ao lado de alguém, nunca me senti tão viva.

E, de fato, para quem vibra na frequência de *pathos*, nada melhor que encontrar alguém parecido. Para pessoas assim, "sentir-se vivo" significa experimentar a alegria mais intensa, a raiva mais ardente, o prazer mais poderoso, a frustração mais profunda.

Uma vida sem *pathos*

Se ser comandado por *pathos* é complicado e gera grande sofrimento, negá-lo completamente acaba anulando os prazeres da vida. O maior problema decorrente da ausência de *pathos* na existência é viver uma vida sem graça, totalmente baseada em valores como segurança, estabilidade e rotina. Por medo ou cansaço, algumas pessoas deixam de se arriscar e fazem escolhas de acordo com o que é teoricamente "certo", deixando de lado tudo (ou quase tudo) o que lhes daria verdadeiro prazer.

É preciso deixar claro, contudo, que uma vida sem *pathos* não tem nada a ver com depressão, muito pelo contrário. O sentimento constante de *pathos*, isso sim, tem a ver com depressão, principalmente quando o objeto do amor não se encontra presente. Uma existência com pouco *pathos* pode ser vista como especialmente produtiva e eficiente sob diversos sentidos, mas a completa anulação dessa face do amor pode ser bastante perigosa, gerando falta de vontade de viver. Se uma vida fundamentada em *pathos* corre o risco de ser infantil, extremista e irracional, uma que negue ou rejeite essa face tende a ser simplesmente tediosa.

Exemplos marcantes não faltam ao longo da história, e algumas culturas diminuem consideravelmente a importância do *pathos* em prol de outros valores, considerados mais importantes. Durante bom tempo na história ocidental, os casamentos eram arranjados pelas famílias em função de valores que pouco ou nada tinham a ver com o amor-paixão. A qualidade norteadora era a conveniência material, e o objetivo maior consistia na estabilidade familiar. Ainda hoje, algumas culturas enfatizam a importância de relacionamentos cuja força principal não seja *pathos*. Muçulmanos, por exemplo, valorizam outras faces do amor: o sacrifício pela família, o senso de conveniência e a amizade.

Falta de *pathos*

É muito comum aceitarmos relacionamentos não pela paixão, mas pelas mais variadas conveniências. Quando a paixão se esvazia por completo, contudo, tende a dar lugar a diversos graus de aversão pelo outro. A descrição de uma das leitoras participante do Fórum de Histórias Reais do Personare é emblemática. Diz ela:

O amigo chato era o protótipo do namorado perfeito para a minha família, o que me poupou o trabalho de defender a relação. Era também um fraco, cujo caráter se moldava aos meus comandos. É claro que eu não o amava, mas quem era eu para saber o que era o amor? Detestava a proximidade com ele e mais ainda suas carícias, o que manteve o namoro na esfera superficial dos selinhos e das mãos dadas, ainda que ele fizesse o impossível para me seduzir. Eu já tinha sido irremediavelmente seduzida pelo amigo dele sem que nenhum de nós se desse conta disso.

A leitora, que se identifica com o pseudônimo Buscando Sempre, descreve o relacionamento com esse homem por quem não nutria paixão alguma, mas com quem, não obstante a absoluta falta de tesão, ficou por muito tempo. Curiosamente, relacionamentos duradouros podem ocorrer não em decorrência da paixão, mas da absoluta falta dela. Outras coisas unem as pessoas, e o senso de conveniência tende a ser um dos elementos mais poderosos. Conforme relata a leitora: "Quando tentava me afastar, era compelida a uma volta desastrosa, sempre incitada pelos apelos do namorado e da família", ou seja, não era por tesão próprio que ela se mantinha ligada ao rapaz. Entretanto, quando falta *pathos*, é comum o acúmulo de ressentimento, e não é nada estranho que alguma perversidade mútua termine por se manifestar. No caso aqui descrito, ela se apaixonou por um amigo do namorado e posteriormente descobriu também que era traída. Sentiu-se mal ao descobrir a traição, mas menos pelo fato de amar o namorado e mais pelo orgulho ferido (embora ela também o traísse, ainda que apenas em desejos).

Proposta de atividade complementar

Com a finalidade de ilustrar o amor como *pathos*, recomendo o filme *Atração fatal* (1987). Nele, o advogado Dan Gallagher (Michael Douglas) tem um encontro casual com uma mulher chamada Alex Forrest (magistralmente interpretada por Glenn Close). O que para Dan significou apenas um encontro fortuito, para Alex assumiu conformações muito mais intensas. Como em geral ocorre com aqueles que vivem o amor como *pathos*, não há moderação possível. Tudo é vivido em extremos. O comportamento obsessivo de Alex oscila entre a paixão e o ódio, algo sempre comum nessa face do amor: ao mesmo tempo em que adoramos o objeto do nosso amor, sentimos mágoa e raiva a cada momento em que nossas expectativas são frustradas. Em *Atração fatal*, Alex persegue Dan obsessivamente, a partir da justificativa de que o ama e o deseja, sem nem levar em conta as implicações de suas ações.

À parte o fato de que a dinâmica vivenciada por Alex e Dan terminou por assumir conformações absurdas, todos nós em algum momento da vida experimentamos, em maior ou menor intensidade, o amor como *pathos*. Após assistir ao filme, vale se questionar sobre alguns pontos:

- Já me apaixonei à primeira vista com tamanha intensidade a ponto de ter certeza de que um(a) completo(a) desconhecido(a) era o amor da minha vida?
- Já cheguei a perseguir alguém por motivos amorosos?
- Já estive envolvido(a) num relacionamento cuja maior característica eram altos e baixos intensos?
- Já experimentei ao mesmo tempo os sentimentos de amor e ódio por alguém?
- Já vivenciei a necessidade do outro como se fosse uma dor física?
- Já achei que não viveria sem determinada pessoa?
- Já me interessei por ou estive numa relação claramente inconveniente sob todos os sentidos e insisti nela mesmo assim?

Se você respondeu "sim" a qualquer uma das perguntas anteriores, você já vivenciou a experiência do amor como *pathos*.

Note que o incomum é alguém nunca ter experimentado isso! Mas vale ressaltar que há pessoas que experimentam *pathos* com mais constância que outras, mesmo com o passar dos anos.

Outra história conhecida é *Romeu e Julieta*, de William Shakespeare (1564-1616). Esse romance, hoje considerado um perfeito exemplo do amor juvenil e inconsequente, faz parte de uma tradição de romances trágicos. É provavelmente uma das histórias mais filmadas e representadas em peças de teatro, e sua popularidade decorre justamente do fato de *pathos* ser uma face do amor que tanto instiga e fascina quanto incomoda.

Por um lado, como dizer que o sentimento de Romeu por Julieta (e vice-versa) era amor, se nem sequer chegaram a se conhecer direito? Por outro, como negar que o que sentiram era deveras amor, se chegaram a morrer por isso? *Romeu e Julieta* é, acima de tudo, um conto sobre o poder de *pathos*, com todos os seus elementos fundamentais:

1. Tratava-se de um amor *inconveniente*, uma vez que as famílias de ambos eram inimigas.
2. Era um amor que se fortalecia pelos *impedimentos*. Quanto mais a possibilidade do encontro era negada, mais os personagens se apaixonavam.
3. Tal amor envolvia *desconhecimento*, pois nem Romeu conhecia bem a personalidade de Julieta, nem ela a dele.
4. Era um amor experimentado como *angústia*, e os personagens sofriam de *crises de abstinência*, agindo como se o outro fosse uma necessidade física implacável.

5. Como quase sempre acontece, *pathos* é experimentado como o desejo por *desafios*. Romeu e Julieta decidem fugir, uma vez que suas famílias se opõem à união.
6. Não deixa de haver uma lição de moral no fim trágico da história: aquele que vive apenas em função de *pathos* será fatalmente destruído.

A primeira face do amor é, portanto, a mais popular, a mais fácil de compreender e a que mais vende filmes. Não é, contudo, a única. Uma boa forma de entender a dinâmica das relações é mergulhar no exato oposto de *pathos*: o amor na forma de *pragma*.

Você se interessou em saber mais sobre as histórias de amor comandadas por *pathos*? Leia na íntegra os relatos citados neste capítulo, na página www.personare.com.br/os-seis-caminhos-do-amor.

7
PRAGMA: O AMOR CONVENIENTE

Verbos de *pragma*: ponderar, avaliar, construir, preservar, priorizar, justificar

Um dos mais populares aforismos afirma que o amor é cego. Mas a que tipo de amor esse ditado se refere? Se considerarmos a faceta *pathos*, abordada no capítulo anterior, não há como negar: a paixão sofre mesmo de cegueira. Ignora tudo, não quer saber se a relação é ou não conveniente, passa por cima dos defeitos do outro, não mede consequências e não se interessa em avaliar nenhum tipo de contrariedade. Esse tipo de amor não se limita ainda à cegueira, é também surdo, pois nenhum conselho que conclame a razão será acatado.

Em contrapartida, o amor na forma de *pragma* não só não é cego como enxerga muitíssimo bem – e todos os detalhes! Em *pragma*, priorizamos valores como segurança, estabilidade e, sobretudo, conveniência. O amor pragmático, o oposto diametral do amor-paixão, experimenta seus afetos racionalmente e se pauta em parâmetros realistas, selecionando as parcerias por meio de critérios tão bem elencados que mais parecem uma lista de compras. A face *pragma* do amor, contudo, costuma ser alvo de preconceito. Pessoas mais românticas costumam dizer que "não escolhemos quem amamos", ou que os sentimentos não deveriam se pautar em "interesses".

Ora, essa ideia de "amor sem interesse" é um tanto equivocada nas relações humanas. Nós nos interessamos por pessoas que, obviamente, nos são interessantes, a partir de critérios que nos são significativos. Ainda que enfatizem a aparência física ou os interesses intelectuais, nada disso deixa de ser conveniência ou critério. As pessoas costumam fazer avaliações pragmáticas no que concerne a seus relacionamentos, sejam amorosos, sejam de amizade. A menos que você seja uma pessoa totalmente comandada por *pathos* e viva paixões totalmente cegas, pontos eletivos como a escolaridade, o emprego, o nível social e até mesmo o bairro em que o outro vive serão levados em conta nas atrações afetivas – ainda que tais critérios não sejam assumidos de maneira consciente.

Não é coincidência, por exemplo, que muitos artistas e celebridades se unam amorosamente a seus semelhantes. Há um componente pragmático poderoso nessas atrações: à medida que a outra pessoa faz parte de um mundo similar ao meu, é mais fácil gerir o relacionamento. E, se você acha esse exemplo uma exceção, observe sua própria vida e suas escolhas relacionais; muito provavelmente você se interessa *sim* por pessoas cujas características são mais convenientes às suas. É incomum, por exemplo, uma pessoa com doutorado se interessar por alguém que não completou o ensino médio. E, se esse exemplo lhe parece esnobe, saiba que se trata de uma via de mão dupla: um doutor em semiótica provavelmente parecerá chatíssimo para alguém cuja escolaridade se restrinja ao ensino médio.

Não quero dizer que as pessoas se unem *apenas* por interesses eletivos que transcendem o erotismo ou a paixão. Lembre que é muito raro encontrar pessoas vivendo apenas um tipo de amor. Geralmente, mesclamos duas ou três faces desse sentimento. O problema é se *pragma* for a única face utilizada. Nesse caso, as pessoas estão juntas e assim permanecem por motivos exclusivamente práticos. É o caso, por exemplo, de muitos casais que permanecem unidos apenas em decorrência dos filhos. Não há mais sexo, ou ele ocorre muito eventualmente, e o romance é uma lembrança distante (se é que houve algum dia). Entretanto, não há como negar que esse pragmatismo é sim uma face do amor: seu lado menos romântico e sensual, mas capaz de servir a uma causa maior (a criação dos filhos, a manutenção da família, a preservação da segurança). *Pragma* não deixa de ser, portanto, uma importante face do amor que se fortalece com o tempo: quanto mais velhos ficamos, mais passamos a valorizar aspectos além das atrações explosivas. Pensamos: *Esta pessoa me oferece segurança? Tenho futuro com ela? Seria um bom pai/mãe para os meus filhos?*

Chama a atenção a ingenuidade de nossa cultura contemporânea ocidental, que parece ignorar ou subestimar a importância do amor como *pragma*. Achamos absurdo o fato de relacionamentos serem construídos tendo como base a conveniência e a praticidade (como ocorre nas culturas islâmica e judaica, por exemplo), quando na verdade nós mesmos fazemos escolhas pautadas em conveniências semelhantes – e achamos que não fazemos!

Talvez a estranheza decorra da percepção de que culturas como a islâmica e a judaica priorizam *pragma*, enquanto a nossa parece cultivar a ideia de que *pathos* é a face mais importante. Mas é ignorância supor que em culturas tão diferentes não existe *pathos*. A diferença está no que norteia e no que é priorizado. A cultura islâmica dá sim mais importância ao amor-*pragma*, mas nem por isso deixa de considerar o valor do erotismo num relacionamento. Ao contrário do que muitos imaginam, em muitos países islâmicos a mulher pode escolher com quem vai se casar – dentro de um leque de opções que lhe é apresentado por sua família, claro. Espera-se que ela venha a sentir *pathos* por alguém, mas todos passaram pelo crivo *pragma* (conveniência) da família. Além disso, chama a atenção o fato de que, para os islâmicos, o casamento com quatro esposas nada tem a ver com um suposto desejo sexual insaciável dos homens. A motivação fundamental é totalmente pragmática. Na cultura islâmica, um homem de posses é considerado terrível e avarento se não se dispõe a sustentar quatro mulheres, já que tem condições de fazê-lo. Em muitos casos, o marido concede à primeira esposa a incumbência de escolher as outras, que são por ela consideradas irmãs. Tal cultura essencialmente pragmática pode parecer chocante à nossa, guiada pelo desejo de exclusividade, insegurança, ciúme, paixão e romantismo. *Pragma versus pathos*. O que nos interessa aqui não é descobrir qual cultura é melhor, mas compreender quanto cultivamos determinadas faces do amor porque somos culturalmente treinados para isso. Tenho amigas muçulmanas que acham uma completa insanidade casar com alguém por motivos passionais. Os gregos antigos também diriam que uma vida pautada exclusivamente por *pathos* é no mínimo infantil – quando não insana.

É curioso observar que muitos criticam a necessidade de considerações pragmáticas quando apontadas em nossa direção. Dizemos que as relações devem ser única e exclusivamente "por amor" (e quem o diz geralmente está se referindo apenas à paixão) e que é "horrível" escolher o parceiro por critérios eletivos como escolaridade, trabalho, salário. Mas esses mesmos críticos tendem a repentinamente achar tudo isso importante quando as escolhas afetivas estão sendo feitas pelos filhos ou por outras pessoas queridas. A mulher que bate no peito dizendo que se casou apenas porque estava apaixonada subitamente se mostra preocupada com uma série de detalhes a respeito da namorada do filho: Vem de boa família? Quais são suas ambições? Nesse ponto, as culturas muçulmana e judaica parecem mais sinceras, à medida que não sentem vergonha de assumir a importância de *pragma*.

Evidentemente, há situações em que *pragma* domina de tal maneira que fica clara a ausência de prazer decorrente da necessidade de seguir obrigações, cultivar segurança e "fazer o que é certo". Milhões de pessoas preservam relacionamentos meramente por conveniência, vivenciando o amor como um tédio.

Quando *pragma* domina

A leitora que se identifica como Nádia Belo escreveu um clássico depoimento de *pragma versus pathos* no Fórum Personare:

Hoje vivo um conflito interno. Sou casada e tenho dois filhos pequenos; hoje sei que não amo mais meu marido e me apaixonei por outro que também me quer, só que não tenho coragem de me separar por causa dos meus filhos. Então fico me perguntando: O que deve falar mais alto? Meu instinto materno ou meus desejos de mulher? Sou tão jovem para ser infeliz no amor, mas, ao mesmo tempo, não posso suportar o sofrimento dos meus filhos perante uma separação. O que fazer? Sei que o amor pelos meus filhos é maior que tudo e por isso continuo insistindo no meu casamento; quero manter minha família, mas a cada dia me sinto mais infeliz, menos mulher. Até quando devo esperar para que meus filhos não sofram com uma separação? Tenho tanto medo de estar errada, de me arrepender de tirar o convívio dos meus filhos com o pai... Não sei o que fazer porque sou uma única pessoa e não dá para separar a mãe da mulher, mas não dá para ser feliz por completo e infeliz para sempre.

De um lado, o amor às próprias responsabilidades maternas (*pragma*); do outro, o desejo de viver a paixão (*pathos*). O fator *pragma* em Nádia é realmente muito forte, a ponto de refrear os geralmente incontidos impulsos da paixão. A leitora realiza a proeza de conseguir ponderar e considerar as necessidades dos outros, mesmo estando apaixonada! Essa capacidade de autointerdição muito provavelmente decorre do fato de ter 28 anos, não sendo mais nenhuma jovenzinha inexperiente. Não é apenas o fato de ser mãe que a faz considerar antes as necessidades dos filhos que as próprias. Muitas mães fazem maluquices e parecem pouco se importar com as consequências de seus atos em relação aos filhos.

À parte a excepcional capacidade de se apaixonar e, mesmo assim, manter o poder de raciocinar pragmaticamente, Nádia comete um erro muito comum. Ela fantasia que a separação *necessariamente* trará sofrimento aos filhos. Talvez ela se paute na própria experiência: Teriam seus pais se separado e ela mesma sofrido no processo? Teria ela visto isso ocorrer na vida de alguém próximo? Entretanto, qualquer psicólogo argumentaria o básico: para uma criança, é melhor ter pais separados e amigos que casados e hostis. Dar o exemplo de uma relação falsa, sustentada por mera obrigação, cedo ou tarde pode implicar sentimentos de culpa na criança. Ora, crianças não são tolas e costumam perceber quando uma relação é mantida por obrigação. Que tipo de exemplo estamos dando aos nossos filhos agindo dessa forma? Mais que isso: O que estamos lhes ensinando sobre a vida? Que sustentar mentiras e infelicidades é bom?

Eu poderia dizer a Nádia para tentar salvar seu casamento, mas ela já começa seu depoimento de modo bem contundente: "Sei que não amo mais meu marido". Se ela tem tanta certeza, deveria ser mais amiga desse homem e liberá-lo (e liberar-se) para viver uma nova história de amor. Se a separação trará infelicidade ou não aos filhos, dependerá do modo como o casal conduzirá o processo. Não é a separação em si que causa traumas infantis, mas o modo como ela se dá.

Os conselhos oferecidos como resposta, conforme esperado, se contradizem. A leitora que assina com o codinome Negra Gata, por exemplo, evoca *pragma* a todo custo e com tanta ênfase que chega a escrever tudo em caixa alta (o que, na etiqueta virtual, significa "gritar"):

Minha querida, não faça uma loucura dessas. Se seu marido for bom, não jogue sua felicidade pela janela. Amante nenhum vale sua paz; você tem uma família, lute pelo seu casamento, esqueça o amante. Tentações vão e vêm, não valem a pena, e seus filhos vão sofrer e depois de crescidos jogarão sua escolha na sua cara. Você vai ficar sem paz por conta de um capricho. Escolha bem, essa decisão mudará todo o seu futuro...

A frase "Amante nenhum vale sua paz" só não é mais emblemática que o fatalismo das previsões de Negra Gata. A profecia de um "futuro infeliz" é dita com veemência e não procede. Há pessoas que são mais felizes rejeitando paixões e abraçando exclusivamente a face *pragma* do amor? Não duvido, mas não me parece ser o que ocorre com Nádia. O caso dela é o oposto: sua infelicidade está em valorizar *pragma* numa situação que implica o sacrifício de sua felicidade e da honestidade consigo mesma e com o marido e os filhos. Evidentemente, considero que Nádia *já tentou* e chegou a uma certeza ("Não amo mais meu marido"). Sustenta-se na relação apenas porque, em algum momento da vida, "aprendeu" que separações são trágicas para os filhos. Não são. Como bem diz o leitor que se identifica como Gelo Seco:

Seus filhos vão superar. E você também. Outro dia ouvi um podcast justamente sobre isso: a menina convivera com a mãe que havia permanecido casada apenas pelos filhos. Conclusão: filhos infelizes, pois inconscientemente a mãe os culpava por sua infelicidade, e mãe infeliz, por motivos óbvios. [...] É melhor lidar com uma família desfeita agora, mas que provavelmente dará origem a duas outras felizes no futuro. Ele, depois do susto, procurará outra parceira. Quanto à "convivência com o pai", elas continuarão a conviver com ele, não todo dia nem toda hora, mas continuarão.

E serão privadas de conviver com brigas, ressentimentos, tristezas, silêncios, o já que deve existir um pouco no convívio entre vocês. Vá ser feliz e libere todos para serem também. [...] Mudanças trazem dor, mas ela será superada. Pense da seguinte forma: um ano, um pouco mais, um pouco menos, de muito sofrimento para uma vida inteira de alívio.

Vá por mim: acho que, no fundo, seus filhos no futuro vão até agradecer. Você estará ensinando a eles duas das coisas mais importantes da vida: Ninguém é de ninguém (desapego). Tudo na vida é passageiro (desapego e aceitação).

Concordo inteiramente com Gelo Seco, embora eu aposte que Nádia já tenha ouvido a mesma coisa várias vezes. O complicado é que é bem provável também que ela já tenha ouvido conselhos similares aos dados pela Negra Gata: "Salve seu casamento a todo custo". Imagino, então, a dúvida de Nádia. A quem seguir? A situação pode parecer fácil para quem está fora dela e acha que se separar é o sensato. Mas e se o marido dela não quiser prosseguir amigavelmente e infernizar sua vida, atingindo as crianças no processo? Eu entendo os medos e as inseguranças de Nádia. Não acho, porém, que tais temores possam servir de desculpa para se sustentar nessa situação difícil para todos. Como Gelo Seco bem diz, pode até ser que a separação doa, mas as pessoas superam. É ilusão achar que conseguiremos impedir nossos filhos de viverem dores – se é que vão sentir, nesse caso.

Mas em pelo menos um ponto concordo com Negra Gata: tentações vão e vêm. Realmente não faz sentido terminar um relacionamento conjugal apenas por conta de "tentações" – quem faz isso são os viciados em *pathos*, *ludus* e *eros*, trocando de companhia como quem troca de roupa. No entanto, não me parece que Nádia tenha descrito uma "mera tentação". Em seu texto, ela demonstra ter real consideração pela face *pragma* do amor, do contrário já teria se deixado levar pela nova paixão há tempos e nem estaria se dando ao trabalho de desabafar no Fórum Personare. Conselhos não ajudarão muito. Considerando que deseja mesmo se separar, ela precisa criar um terreno de amizade com o marido e ter a seu lado amigos e familiares que ofereçam suporte à sua decisão. E, dependendo de como as coisas se sucedam, precisa de um bom advogado e da ajuda de um psicólogo para si e para as crianças. Romper com o mundo de *pragma* dá trabalho.

Uma vida sem *pragma*

Do mesmo modo que relações sem *pathos* incorrem em modelos tediosos sustentados apenas pelo conforto e pela conveniência, pessoas que demonstram dificuldade para vivenciar a faceta pragmática do amor sofrem em decorrência de suas escolhas persistentemente estúpidas. No amor sem *pragma*, não há o menor senso de conveniência nem considerações sobre o futuro. Importa apenas o prazer temporário e o gozo pessoal. Esse tipo de amor não tem muita vocação para a vida familiar: as pessoas são capazes de jogar tudo para o alto por conta de novas paixões, e os filhos que se danem.

É o senso de conveniência e de praticidade que nos faz refletir, quando construímos uma vida com outra pessoa: *Nós brigamos, estamos um pouco enjoados um do outro, mas construímos uma vida juntos, e eu não vou atirar tudo para o alto só porque estou sentindo tesão pelo carteiro.* Mas imagine o que acontece quando *pragma* está ausente? A relação só se sustenta enquanto houver paixão (*pathos*). Separações e novos amores são criados por impulso e são tão estáveis quanto gelo no deserto. Pessoas com dificuldade em vivenciar *pragma* agem como adolescentes imaturos e egoístas, priorizando sempre o próprio prazer – os outros que se explodam!

É natural que nossas primeiras escolhas afetivas tenham pouco ou nenhum *pragma* e sejam quase que exclusivamente norteadas por *pathos*. Os hormônios e a inexperiência nos dão esse direito. Espera-se que, com o tempo e a maturidade, um senso mínimo de conveniência e de praticidade seja desenvolvido, permitindo assim o encontro com parceiros capazes de somar conosco. Verifica-se de fato que os jovens são mais afeitos ao *pathos*, enquanto os mais maduros se inclinam mais pelo amor como *pragma*. Há, todavia, pessoas tão estruturalmente pragmáticas que o modelo do amor conveniente as acompanha desde a mais tenra idade. Do mesmo modo, há quem seja tão poderosamente movido por *pathos* que nem mesmo a velhice faz arrefecer-lhe o fogo da paixão.

Falta de *pragma*

A falta de *pragma*, quando se torna crônica, costuma causar sérios problemas na vida das pessoas. Uma coisa é ter momentos de falta de conveniência e de praticidade, embarcando numa aventura meio insana que contraria a razão. Fazer uma coisa dessas de vez em quando até serve para dar sabor à vida e rende histórias para contar aos netos. Conheço um rapaz que se empolgou tanto com uma garota chilena que conheceu pela internet, que deixou o trabalho por uma semana, alegando estar doente, e experimentou tórridos dias de paixão zanzando com a moça pela região do Atacama. A relação se limitou a isso. Tão logo a empolgação passional e erótica passou, *pragma* voltou a operar e ambos chegaram à conclusão de que não estavam nem um pouco dispostos a mudar de país. A suspensão *temporária* de *pragma* pode ser bem excitante.

Mas e quando a falta de conveniência e de praticidade se manifestam de modo persistente, prolongado? Vejamos o que relata a leitora do Fórum Personare identificada como Tyller:

Minha história não é difícil de contar, mas é difícil para mim aceitar que me meti nisso e ainda não consegui sair. [...] Faz doze anos que estamos juntos. Na época, eu tinha 20 e ele 42. O que me atraiu nele? Primeiro, trabalhávamos numa empresa na qual a maioria dos funcionários era do sexo masculino. Quando fui trabalhar ali, todos queriam me conhecer e ele nem me olhava. Isso me encantou. Eu pensei: Por que ele não me olha e não dá em cima de mim? Ele deve ser diferente. E esse mistério me aguçou. Segundo, ele foi sincero logo de cara, dizendo que era casado e tinha dois filhos. Muitas de suas qualidades se manifestaram com a passar do tempo: sempre atencioso, respeitador, nunca levantou a voz comigo, me incentivou a entrar na faculdade, é amigo da minha família, alegre, otimista, carinhoso, parceiro, amigo para todas as horas, o sexo foi ficando melhor a cada dia, com mais qualidade etc. Mas uma coisa ainda persiste: ele continua casado!

Aqui vale uma observação: mais adiante, você vai ler sobre uma face específica do amor chamada *ludus*, o amor jogador. Na história de Tyller, nos chama a atenção quanto ela foi fisgada pela dinâmica jogadora e competitiva de *ludus*: ela gostou justamente do cara que nunca a olhava. Isso é clássico no amor que joga: desejamos o trabalhoso, o desafiador. Se é fácil, não nos interessa. Pode ser bem divertido, mas o preço a pagar geralmente é o sofrimento inerente à falta de *pragma*. Note também que ela apresenta como segunda razão para ter se sentido atraída justamente o fato de o homem ser casado! Era importante para o forte *ludus* de Tyller entrar nessa dinâmica desafiadora, nesse jogo de sedução. Pessoas com a face *ludus* muito desenvolvida adoram uma situação que lhes recorde uma novela. Consideremos a idade de Tyller na época – gente muito jovem costuma não estar nem aí para *pragma*. Em geral, aprendemos a valorizar essa face do amor à medida que amadurecemos. E isso ocorreu com Tyller. Com o tempo, ela passou a achar importante assumir uma relação mais "certinha", deixando de ser "a amante" para se tornar "a oficial". *Pragma* começou a se manifestar, mas com a pessoa errada.

Mas teve uma hora em que o amor e a vontade de ficar junto dele e não ser mais a amante falaram mais alto. Aí, quando comecei a tocar no assunto, ele não dizia nem sim nem não, simplesmente não respondia. Com o passar dos anos, tentei me separar dele de todas as maneiras. Ficava sem ligar, saía com outros caras, me dedicava mais ao trabalho. Então, ele vinha com aquela voz mansa e aveludada e me dizia: "Calma, paixão, vamos resolver isso". [...] Atualmente, o que sinto por ele e por mim é um misto de amor e raiva. Dele, porque diz que me ama, mas não toma uma iniciativa. De mim, porque não sei como fui me prender a uma pessoa que vive em cima do muro. Tenho raiva porque sei que ele não é o único homem do mundo que pode me fazer feliz. Tenho raiva porque a falta de atitude dele me faz sofrer e porque todo mundo me alertou para não me envolver com ele porque era casado, mas mesmo assim eu insisti. Tenho raiva porque todo dia, quando vou dormir, por mais que eu lute, só consigo pensar no cheiro e na companhia dele, que tanto me faz feliz.

Veja bem, as declarações de raiva misturada com amor são clássicas de indivíduos "possuídos" por *pathos*. Tyller vive uma situação que seria o horror para um grego antigo. Conforme vimos nos capítulos anteriores, os médicos da época provavelmente prescreveriam dietas e tratamentos para que Tyller "se curasse" dessa paixão. Quanto mais *pathos*, menos *pragma* (e vice-versa), pois são faces diametralmente opostas do amor. Tyller finaliza seu depoimento dando um exemplo típico de uma relação carente da energia *pragma*:

Vivo um amor de migalhas. Quando ele tem tempo, a gente sai; quando a família dele está fora, ele dorme comigo; quando os filhos não estão por perto, pode falar direito comigo ao telefone. Porém, o mais absurdo é que eu me sinto feliz na companhia dele, mesmo recebendo migalhas. Sou bonita, inteligente, tenho uma carreira promissora, sou carismática, desejada, faço amizades rápido porque sou comunicativa, mas estou presa a um homem que sabe de tudo isso e já disse que tem medo de me perder, mas não faz nada a respeito. Ou sou eu quem deveria fazer alguma coisa? Não sei, depois de doze anos a gente fica anestesiada, acomodada. O que fazer depois de tantos anos?

De fato, é muito difícil sair desse tipo de situação. Primeiro, porque o problema central é o excesso de *pathos*, e com *pathos* não se brinca. Trata-se de uma das forças mais poderosas e implacáveis do amor, repleta de sensações viciantes, como já mencionamos. Digamos que Tyller queira realmente sair dessa relação. Ela precisará não só de tempo, como de distanciamento de seu ex-amante. Durante um período que varia de pessoa para pessoa, mas que geralmente é longo, o abstinente fica por demais vulnerável ao objeto da paixão, e qualquer recaída faz voltar toda a angustiante dinâmica que mistura afeto e ódio.

Há, todavia, várias vantagens em exigir uma separação radical. Existe a chance, claro, de o homem em questão terminar com a esposa para resgatar o relacionamento com Tyller. Pode acontecer de ele próprio estar sofrendo de um aprisionamento pragmático a um casamento falido e que seu grande amor seja Tyller. Nesse caso, a separação o deixaria desesperado e pronto para assumir o que realmente quer. Mas digamos que isso não ocorra. Pelo menos ela terá se livrado de alguém com quem não poderia construir a história que deseja. Note que o tal cara também corre um sério risco. Tyller me parece uma mulher fortemente mobilizada pelo desejo de conquista (*ludus*). Quem garante que, após tão desejada separação, ela continuará mantendo o interesse por ele? Ela mesma pode se surpreender e se dar conta de que estava apenas testando seu próprio poder de sedução, egoisticamente. Pode ser que ele tenha percebido isso (afinal, ela própria admite que inicialmente só se interessou porque ele nem a olhava) e, desconfiando desses joguinhos de Tyller, hesite em jogar fora seu casamento por uma pessoa que já demonstrou adorar um jogo.

Tomar a atitude de pedir uma separação pode ser bem difícil, pois são doze anos fomentando uma dinâmica. As pessoas se acostumam com seus próprios jogos. Sentem medo de deixá-los. Mas não são, como muitos podem pensar, *doze anos perdidos*. Como bem comentou o leitor Gelo Seco:

Eu ponderaria que esses doze anos, pelo visto, foram muito bons, exceto pela parte de ele não poder estar o tempo todo contigo. Acho que é mais do que muita gente pode dizer a respeito do amor.

"Vivi, ao menos em partes, com meu amor por doze anos." É bastante tempo.

Proposta de atividade complementar

Um dos filmes que melhor exemplificam o conceito do amor como *pragma* é o premiadíssimo *Gente como a gente* (1980). Trata-se do primeiro filme dirigido por Robert Redford, tendo recebido Oscar de melhor filme, melhor diretor, melhor ator coadjuvante e melhor roteiro adaptado. Venceu também o Globo de Ouro em 1981 como melhor filme na categoria drama.

A história gira em torno de Beth (Mary Tyler Moore), uma mãe que luta para manter a família unida após a morte acidental de um filho. Nesse processo, fica evidente como Beth privilegia a preservação da família, ainda que isso lhe custe os prazeres sexuais e outras satisfações individuais.

Após assistir ao filme, reflita: Como você julgaria Beth? Se você compreender a importância do amor como *pragma*, não lhe será difícil considerar a personagem principal uma heroína. Do contrário, você a achará uma tola que sacrificou a felicidade pessoal em prol da preservação de uma estrutura. Mas, mesmo que você não lide bem com a ideia do amor como *pragma*, garanto que isso é mais preconceito que verdade. Quer ver? Responda às seguintes questões:

- Você se casaria com uma pessoa cujo trabalho exigisse que ficasse em outra cidade cinco dias na semana?
- Você se uniria a alguém cuja escolaridade ou nível social fosse extremamente inferior ao seu?

- Você prefere alguém que faz suas bases tremerem, que incendeia seu coração, mas cujo comportamento é absolutamente inconfiável? Seria capaz de dispensar alguém por quem se atrai, embora com menos vigor, mas cuja personalidade você admira e respeita?
- Você se casaria com alguém por quem sente imenso tesão, mas cujo comportamento moral você reprova?

Se você respondeu "não" a qualquer uma das questões acima, *pragma* lhe é importante em algum nível. Mas, se respondeu "sim" a todas, tome cuidado! Essa falta de conveniência tão aguda pode estar colocando você periodicamente em péssimos cenários, e é importante rever isso.

Se você também quiser contar experiências que viveu no amor, acesse www.personare.com.br/os-seis-caminhos-do-amor e participe do Fórum Personare. Lá você encontra informações sobre como compartilhar sua história, ler ou comentar o relato de outras pessoas.

8

PHILIA: O AMOR AMIZADE

> **Verbos de *philia*:** dialogar, partilhar, compreender, pensar, racionalizar, fraternizar

Entre os filósofos clássicos, Aristóteles é quem mais exalta a importância do amor como *philia* (amizade), estabelecendo diferentes categoriais para esse sentimento: o bom, o prazeroso e o útil.

Uma amizade totalmente pautada no interesse de obter algo, por exemplo, seria classificada como "útil" e se extingue tão logo o resultado seja alcançado. Trata-se de parcerias temporárias nas quais o sentimento é apenas um meio para se chegar a um fim. Note que até o mais antiético dos seres humanos é capaz de criar vínculos de amizade de natureza útil. Parcerias de conveniência são muito comuns e não devem ser confundidas com o amor em sua forma *pragma*, pois há uma diferença fundamental: os amantes pragmáticos não veem esse amor como tendo um objetivo definido que se encerra após sua obtenção; além disso, o amor *pragma* pode eventualmente manifestar outras faces do sentimento (nada impede que a paixão surja no processo). Já na "amizade útil", a relação tem finalidade concreta e, após o eventual êxito, nenhum laço une as pessoas. Os indivíduos até se dizem amigos, mas tal sentimento tem quase sempre data certa de expiração – ainda que isso não seja muito consciente.

Lembro que, na despedida do último ano do ensino médio, fomos todos conclamados a fazer pequenos discursos para nossos colegas. O mais chocante foi ao mesmo tempo o que se revelou mais verdadeiro. Uma de minhas colegas, demonstrando maturidade incomum para seus 17 anos, subiu ao palco e declarou mais ou menos o seguinte: "Gostei muito de todos vocês, foi maravilhoso estudarmos juntos e espero que sejam todos bem-sucedidos na vida. Provavelmente nunca mais nos veremos, já que nossa amizade se condiciona ao fato de fazermos parte da mesma classe. A partir de hoje, entraremos em uma nova fase da vida, em que construiremos amizades por afinidade, e não por força das circunstâncias". Na época, creio que a maioria não se deu conta da verdade dessas palavras. E, de fato, a partir dali cada um seguiu seu rumo, e hoje, 23 anos depois, mantenho contato superficial com duas ou três pessoas daquela época.

E em relação à categoria do prazer? Também é comum que as pessoas sejam amigas só por causa disso – se amam porque se agradam mutuamente. Tal classe de amizade é definida por Aristóteles como acidental, pois não é a pessoa em si que é amada, mas tão somente o prazer que proporciona. Pessoas que são amigas apenas por esse motivo têm a relação condicionada à contínua manutenção desse prazer – o que, na realidade, é inviável. São os conhecidos "amigos de balada", que estão aí para o que der e vier, contanto que "der e vier" signifique festas, viagens, passeios, aventuras e momentos agradáveis em grupo. Caso algo de ruim nos ocorra, esses "amigos do prazer" desaparecem. Outra característica peculiar é que essa categoria de amizade raramente diz a verdade. Como dizia o sofista Górgias: "O amor deseja o engano". Os amigos do prazer invariavelmente se restringem a dizer aquilo que queremos ouvir. Sempre concordam conosco, pois não desejam experimentar desagrados. Tal incondicionalidade, longe de permitir a evolução das partes envolvidas, ilustra apenas o apego ao prazer a todo custo. O outro diz tudo o que quero ouvir porque ele mesmo não gostaria que lhe fossem ditas opiniões sinceras. Esse tipo de *philia*, assim como a "amizade útil", está sujeita à rápida expiração.

Temos, então, a amizade categorizada pelo "bem", o que particularmente encaro como um sentimento construído a partir da mais profunda honestidade intelectual. Desníveis de virtude impossibilitariam, segundo Aristóteles, o desenvolvimento da mais superior amizade. Sendo assim, o amor-*philia*, em seu sentido mais elevado, existe apenas entre pessoas boas e semelhantes em termos de virtudes. Evidentemente, podemos questionar o que significa ser uma "pessoa boa" e relativizar o conceito. Foquemo-nos no principal ponto: *honestidade intelectual*. Tal comprometimento com a verdade constitui a antítese total do princípio do prazer ou da utilidade. O "bom amigo", para Aristóteles, diz aquilo que pensa sinceramente, não aquilo que o outro deseja ouvir. Em decorrência disso, a outra parte precisa ser igualmente honesta (virtuosa), a fim de que tal laço de amor possa vingar e se estabelecer. Quando há desnível de virtude, não há amor-*philia* (em seu sentido mais amplo) possível. Nesse caso, restam as amizades por utilidade ou por prazer.

Uma pessoa mais virtuosa pode ser amiga de alguém com deficiências de caráter? Sim, mas, dado o desnível de virtudes, tal amizade será restrita ao prazer (ambos se divertem juntos, embora em ocasiões bem pontuais e temporárias), ou caso haja uma hierarquia em que o mais virtuoso desempenha papel professoral em relação ao menos maduro.

Segundo Aristóteles, o amor-amizade desempenhará funções distintas em cada faixa etária. Nos mais jovens, a amizade ajuda a evitar o erro, enquanto nos mais velhos serve de amparo para suas mazelas. Em um sentido mais amplo, esse sentimento é considerado essencial para as cidades, pois as mantém unidas e evita os perigos dos partidarismos odiosos.

Apesar de, segundo Aristóteles, todas as diferentes categorias de amizade serem *philia*, consideraremos como uma face do amor apenas a categoria definida como "boa" – a que se pauta acima de tudo em honestidade intelectual. É possível que esse amor como *philia* ocorra com ou sem interesse sexual associado. É claro que, se o amor for pura e simplesmente *philia*, será restrito à amizade. Há casos, contudo, em que, a despeito de haver atração física, a base fundamental do amor experimentado é justamente a amizade – mais que a paixão tórrida ou o erotismo intenso. É igualmente comum que os casais que passam décadas juntos experimentem no fim da vida um amor mútuo mais inclinado a *philia* que a *pathos* ou *eros*. E não há nada de errado nisso. Mas lembre-se: muito embora os diferentes momentos da vida exaltem essa ou aquela face do amor, há pessoas cuja personalidade as inclina a ter mais afinidade com essa ou aquela face. Há quem desde muito cedo, por exemplo, tenha mais inclinação a *philia*. Uma pessoa assim precisa de um parceiro que vibre na mesma frequência.

Muitos romances, ao contrário do encanto à primeira vista imposto pela paixão, começam de forma tão paulatina, tão gradual, que nem mesmo os enamorados sabem dizer exatamente quando se interessaram um pelo outro. A relação começa como amizade, como atração intelectual e moral, e não se baseia sobretudo no interesse físico. Pode não haver noites ardentes, mas o prazer experimentado pelo contato é imenso. Esse tipo de sentimento pode, inclusive, ser vivenciado entre indivíduos do mesmo sexo, ainda que não sejam homossexuais. Mesmo quando o sexo ocorre entre pessoas cujo sentimento mútuo é *philia*, ele é claramente consequência, e não o foco principal. Uma característica curiosa em amores como *philia* é que as pessoas tendem a manter a amizade ainda que rompam a relação formal.

A grande vantagem desse tipo de amor é a profunda intimidade entre as partes. As pessoas são incrivelmente verdadeiras umas com as outras, o nível de insegurança é mínimo, e elas partilham interesses intelectuais similares, estimulando um ao outro em um sentido mais espiritual. Ao contrário dos apaixonados românticos, que mentem uns para os outros com o propósito de agradar, os amantes-*philia* apreciam tanto o estímulo intelectual que só conseguem dizer o que deveras pensam e sentem. A desvantagem desse tipo de amor costuma ser a diminuição do interesse sexual – seja porque com o tempo o amor evoluiu para *philia*, seja porque as pessoas envolvidas são tão estruturalmente *philia* que não são tão chegadas ao sexo quanto as outras. Podemos, entretanto, nos questionar se isso vem a ser de fato uma desvantagem. Se o indivíduo é estruturalmente *philia*, a confusão se dará se ele encontrar alguém mais estruturalmente *eros* (como o nome diz: erotizado). Se são dois amantes-*philia* juntos, não há desvantagem, pois estão ambos na mesma sintonia.

Quando *philia* impera

Assim que se manifesta, o excesso de *philia* inicialmente não costuma incomodar. Curiosamente, essa é uma das únicas faces do amor que, quando exagerada, parece bonita para todo mundo – mas não tanto para as partes envolvidas. É realmente muito legal ver um casal cuja amizade salta aos olhos. O problema é quando a relação parece ter estagnado no aspecto erótico e sensual, de tal forma que os parceiros mais parecem irmãos que amantes. É o caso de Ingrid e Samanta, parceiras em tudo, cúmplices e capazes de se estimular intelectualmente, mas não mais sexualmente, após vinte anos de relacionamento. É normal que, depois de tanto tempo, a energia sexual não seja mais tão intensa quanto nos primeiros anos. Casais cuja relação sexual ocorre diariamente ou quase diariamente nos primeiros anos tendem a arrefecer com o passar do tempo. Essa diminuição do desejo faz parte da dinâmica da vida, e é exatamente a face *philia*, e não o tesão apaixonado, o sustentáculo dos casais maduros. O problema é quando não há mais tesão nenhum. Tanto Ingrid quanto Samanta se queixam do fato de não sentirem mais atração sexual uma pela outra, todavia estão tão apegadas ao conceito de *philia* que não conseguem nem se imaginar partindo para outras experiências afetivas. Elas se tornaram apenas amigas, e nem mesmo a ideia da parceira fazendo sexo com outras pessoas as incomoda. Por que se detêm? Talvez por estarem tão viciadas em *philia* que nem sequer concebem se imaginar ativando a própria energia sexual. Desejam outras mulheres, mas sentem medo de perder alguma coisa caso se envolvam em novas aventuras. Vivem, então, uma relação assexuada – e a maioria dos amigos acha lindo. E é lindo. Só não é fisicamente prazeroso.

Uma relação sem *philia*

A despeito de todos nós sentirmos amizade por alguém ao longo da vida, nem sempre esse amor-amizade se manifesta em nossas parcerias românticas. Se o preço a pagar por um relacionamento excessivamente amigável é a diminuição do interesse sexual, em contrapartida uma relação sem os elementos fundamentais de *philia* é fadada a competições, conflitos, desonestidade e falta de consideração mútua. Sem amizade não há verdade e honestidade possíveis, e o relacionamento se converte naquele clássico caso em que é impossível não notar quanto as pessoas se incomodam com a presença do parceiro. Uma vez que a *philia* não se desenvolveu no casal, ela se transfere para outras relações. Cada parte do casal tem um ou outro amigo com quem desabafa o que realmente sente, mas entre os dois não ocorre a mesma honestidade.

Quanto menos uma relação se pauta por *philia*, mais mentiras são contadas. Cada parte intui que está ouvindo uma mentira e disso se queixa, mas, ao mesmo tempo, não deseja de fato ouvir a verdade, se ressentindo gravemente quando a sinceridade é exposta. A hipocrisia reina, e, ainda que o casal se atraia por outros quesitos, como a atração física, as pessoas no fundo sentem raiva uma da outra.

Se, para os gregos antigos, *philia* era fundamental em todas as relações, constituindo a base sobre a qual uma boa cidade é construída, contemporaneamente o que vemos é uma exaltação do amor paixão (*pathos*) e do tesão (*eros*), em detrimento da profunda sinceridade de alma que caracteriza as relações entre amigos honestos. Casais se cobram em termos da quantidade de relações sexuais que costumam ter, aprendendo a considerar que há algo errado caso passem um tempo sem contato erótico. Até mesmo as relações não sexuais parecem temer a honestidade de *philia*, de modo que é mais fácil encontrarmos amigos que se pautam no princípio do mero prazer ou da utilidade.

Sem amizade, sem *philia*, as relações se restringem a uma constante encenação na qual o amado é alguém com quem partilho o leito, mas a quem pouco conheço.

Falta de *philia*

A história de Jonas e Priscila é emblemática e bastante comum no que diz respeito à falta de *philia*. Jonas não estabelece com Priscila nenhum, nem o mais vago, traço de intimidade no sentido da amizade, que ele guarda para os amigos. Para Priscila, ele destina sua sexualidade e apenas isso. Ela, que não é boba, percebe tudo e se ressente. Sente ciúme dos amigos dele, e com muita razão. Alguns homens, curiosamente, procedem desta forma: não são homossexuais, pois desejam o sexo oposto. Mas são nitidamente *homoafetivos*. Sentem-se melhor na companhia de outros homens, confiam apenas no mesmo sexo para abrir sua intimidade. Não fazem sexo com homens nem desejam isso, porém sentem imensa dificuldade em vincular a *philia* ao ato sexual. Elabora-se, portanto, uma clara cisão: se há sexo, não há o amor-amizade e vice-versa. Por alguma razão, pessoas assim aprenderam (ou nasceram propensas) a separar uma coisa da outra de modo tão intenso que dificilmente seus relacionamentos sexuais se conectam com a amizade. Jonas não parece se dar conta do problema e age como se Priscila fosse maluca. Argumenta ele: "Nossa vida sexual não é ótima?" Falta-lhe entender que um relacionamento não se limita a uma excelente atividade sexual. Quando nossos parceiros percebem que nossa confidência, nosso diálogo e nosso respeito intelectual pelos outros são maiores que por eles, brotam o rancor e a semente da destruição. Há abandonos mais poderosos que os sexuais.

Proposta de atividade complementar

Há vários filmes que se referem ao amor predominantemente *philia*. Recomendo muito o divertido *Bonnie e Clyde: uma rajada de balas* (1967), produzido e interpretado por Warren Beatty (no papel de Clyde) e dirigido por Arthur Penn. Faye Dunaway interpreta Bonnie Parker, parceira de Clyde. Esse longa-metragem recebeu indicação para vários Oscars e para o Globo de Ouro, além de ter sido campeão de bilheteria e crítica por ter rompido com vários paradigmas no que diz respeito ao modo de contar histórias.

O filme é baseado na história real de Bonnie Parker e Clyde Barrow, um casal de assaltantes que aterrorizou os Estados Unidos nos anos 1930. A marca registrada desse relacionamento é a profunda cumplicidade e amizade acima de qualquer erotismo (ainda que nenhum dos dois seja exatamente um exemplo de virtude moral). Destaca-se o fato de Clyde Barrow ser sexualmente impotente, de modo que a relação dificilmente poderia se fundamentar no amor carnal.

Outro filme interessante que mostra o poder do amor como *philia* é o pouco conhecido *Uma história diferente* (1978), alvo de críticas de grupos homossexuais militantes da época. O enredo conta a história de Albert (Perry King), um gay que se envolve afetivamente com a lésbica Stella (Meg Foster) e a engravida. Para alguns, o filme transmite a ideia de que é possível e desejável converter-se de homo para heterossexual. Particularmente, considero tais críticas uma tolice. Evidencia-se, isso sim, a história de duas pessoas que, pela convivência diária, se descobrem tão tomadas pelo amor-*philia* que não conseguem mais se desgrudar. O fato de haver sexo entre Albert e Stella é nitidamente uma consequência quase experimental, e existem diversas histórias similares de natureza oposta: dois amigos do mesmo sexo, cujo histórico de vida é heterossexual, ficam tão íntimos que acabam transando. Há, na vida real, incontáveis casos de amor-*philia* capazes de fazer as pessoas experimentarem relações sexuais inesperadas.

Na antiga cultura macedônica, por exemplo, o sexo era não só natural como esperado entre amigos, a ponto de o pai de Alexandre, o Grande, preferir que amigos-amantes lutassem juntos, pois um defenderia o outro com mais ardor. Por mais que houvesse sexo entre esses soldados, não podemos considerá-los gays no sentido contemporâneo da palavra. Eles tinham esposas e filhos e não estabeleciam necessariamente vínculos românticos com seus amigos-amantes. Tratava-se mais de uma satisfação recíproca pautada na amizade do que um romance em si.

Após assistir a esses filmes, vale se questionar:

- Em minhas relações amorosas, eu costumo esconder coisas do ser amado e sou mais honesto(a) com meus amigos?
- Digo desejar a verdade, mas, quando ela me é dada, me ressinto?
- Sinto mais cumplicidade com quem não faço sexo do que com quem faço? Ou, dito de outra maneira: dedico-me mais a seduzir e oculto coisas pessoais importantes quando me relaciono intimamente?

- Quando a relação começa a ficar menos sexual, eu me preocupo e acho que há algo errado?
- Sinto-me mais à vontade na companhia de amigos que na companhia da pessoa amada?

Se você respondeu "sim" a qualquer uma dessas questões, você provavelmente sente dificuldade em vivenciar o amor-*philia*. Note, entretanto, que *philia* provavelmente já foi sentida em diversos momentos da sua vida. Pense e responda:

- Já tive um amigo ou amiga por quem sentia tanto afeto que não conseguia me imaginar sem ele(a)?
- Já me interessei afetivamente por alguém que num primeiro momento não me chamou atenção?
- Já me vi em um relacionamento no qual o forte não era o sexo, mas eu achava a companhia da pessoa maravilhosa?
- Já me vi tão intensamente fascinado(a) pela inteligência de alguém que cheguei a fantasiar sexo com essa pessoa (ainda que essa fantasia contrarie minhas preferências usuais)?

Caso você tenha respondido "sim" a qualquer uma das questões anteriores, é evidente que já experimentou o amor-*philia* em algum momento da vida!

Mas, a fim de compreender melhor esse tipo de amor, cabe deparar-se com sua face diametralmente oposta: *ludus*, o amor que joga.

9
LUDUS:
O AMOR JOGADOR

> **Verbos de *ludus*:** jogar, seduzir, manipular, brincar, envolver, magnetizar

Uma rápida olhada na seção de autoajuda das livrarias permite constatar quanto os autores parecem dedicados a esmerar a dinâmica afetiva de seus leitores. O que muitos não se dão conta é de que tais livros geralmente versam sobre uma única face do amor, bem específica: *ludus*, o amor que joga. *Ludus*, palavra da qual se origina o termo "lúdico", é o oposto diametral de *philia*. Considerando que *philia* é a face do amor representativa da honestidade intelectual que sustenta as amizades, *ludus* é sua oposição: o jogo, a sedução e, eventualmente, a competição.

Livros que pretendem ensinar técnicas infalíveis de sedução – como seduzir a pessoa amada, como deixar os homens a seus pés e encantar qualquer mulher, como conhecer as diferenças entre as mentes masculina e feminina e outros pontos similares – são, de fato, bíblias do amor-*ludus*. São obras capazes de discorrer habilmente a respeito dessa que é a face do amor mais curiosa e incômoda ao mesmo tempo, que nos instiga a jogar, manipular, seduzir e encantar. A maioria desses livros dá dicas preciosas, ainda que óbvias, sobre a arte ancestral de seduzir. Muitos se beneficiam deles. Por exemplo, conheço uma garota que, após ler um livro do gênero, finalmente entendeu que não é lá muito sedutor enviar trinta *e-mails* por dia para alguém que acabou de conhecer. Quem faz isso decididamente não sabe jogar. Outro rapaz que conheço se deu conta de que se pôr a falar das ex-namoradas no primeiro encontro também não é uma prática inteligente. Ainda que tais livros possam parecer óbvios para muitos, é inegável que dão lições preciosas sobre a arte da conquista. Nem todos nós somos muito bem gabaritados no que concerne ao processo de envolver e de seduzir. E este é um lance curioso de *ludus*: diferentemente de outras faces do amor, essa é de certa forma fácil de treinar e desenvolver. Não é fácil estimular paixão onde não há, ou treinar alguém para ser mais amigo. Já o treinamento para a sedução envolve técnicas que, a despeito de variar de época para época e de cultura para cultura, podem ser assimiladas, praticadas, otimizadas.

Não é difícil entender por que *ludus* é a oposição absoluta de *philia*. No amor-amizade, a base estrutural é a verdade, a honestidade a toda prova. E, ainda que a verdade seja sempre uma coisa boa (até quando é ruim), nem sempre é sedutora. Imagine a cena: você vê a pessoa amada sorrindo enquanto dorme. Quando ela desperta, você pergunta: "Estava sonhando com o quê?" Ao que ela responde: "Tive um sonho erótico com um ex-amor que nunca mais vi".

Ora, a larga maioria dos seres humanos se incomodaria muito com tamanha sinceridade, o que ilustra bem a contradição entre o discurso e a prática. Dizemos desejar pessoas sinceras, mas, quando nos deparamos com a sinceridade absoluta, nos ressentimos. A não ser, é claro, que você seja alguém muito sintonizado com o amor-*philia*. Nesse caso, você não só não se chocará como amará ainda mais seu parceiro em decorrência de tamanha demonstração de honestidade e cumplicidade. Via de regra, as pessoas são mais acostumadas com o amor-*ludus*: os jogos de cena, as entradas ensaiadas, os textos sedutores (geralmente pouco verídicos), a insinceridade apaixonante. É o sofista Górgias quem diz: "O amor deseja o engano". E, se é o engano que desejamos, *ludus* não se furta a ser bem generoso, ofertando-o a granel.

Uma boa dose do amor jogador é deveras saudável nos relacionamentos. Todas as vezes em que nos vestimos com esmero, cuidamos de nossa aparência, criamos um clima sedutor e jogamos charme, é *ludus* agindo por meio de nós. E não é que essa face do amor necessariamente minta, mas com certeza ela amplia a verdade ou omite detalhes importantes. Nos primeiros encontros, é *ludus* que costuma imperar. Mostramos nosso melhor, contamos vantagem, nos inclinamos a concordar com o outro até mesmo de modo pouco consciente, como uma forma de trazê-lo para o nosso lado. Investigamos a vida alheia para obter alguma vantagem no processo de conquista. Você já prestou atenção num casal que acabou de se conhecer? Eles copiam os gestos físicos do outro até mesmo sem perceber. Não agimos assim com nossos amigos (*philia*), pois o amor da amizade é essencialmente pacífico. Agimos dessa forma quando o amor é uma guerra, um combate em que há um conquistador e um conquistado. Enquanto a matriz da amizade é a igualdade de condições, em *ludus* há um contínuo processo de oscilação entre alguém que está por cima e alguém que se encontra submisso. Trata-se, como o nome diz, de uma *brincadeira*, de um *jogo*. E, gostemos ou não, essa é uma face do amor. E das bem poderosas!

Há quem critique o amor como *ludus*, acusando-o de mentiroso, mas isso é algo um tanto exagerado. A face jogadora do amor é um exercício dinâmico de relacionamento social, envolvendo alta inteligência e empatia. Exercitar *ludus* é saber a hora certa de chegar e de sair, o momento conveniente de telefonar, a percepção de quando abordar ou não determinado assunto. *Ludus* é, acima de tudo, etiqueta, comportamento conveniente cujo objetivo é claro: conquistar, ainda que não sexualmente. Devemos usar nosso espírito jogador em uma entrevista de emprego, por exemplo, antevendo as formas mais adequadas de vestimenta, expressão, comportamento. Jogamos o tempo todo, e até quem nega fazer isso na verdade o faz. Afinal, uma das mais poderosas manipulações consiste em convencer os outros, dizendo: "Eu nunca jogo".

Ludus demais

A leitora do Personare que se identifica como Anja relata um caso bastante comum, capaz de ilustrar os problemas decorrentes do excesso de *ludus*. Sobre um rapaz que conheceu, ela diz o seguinte:

Apesar de ele ter namorada, muita gente me fala que ele parece gostar muito de mim. Demorei um bom tempo para acreditar nisso, apesar de ele ter sido bem explícito, me passar várias cantadas e tentar tocar em mim algumas vezes, além de outras atitudes suspeitas.

O que chama a atenção em casos assim é que a pessoa com excesso de *ludus* quase sempre está envolvida em um relacionamento, mas isso não a impede de jogar charme para outras. É quase uma mania. Não se trata aqui de simples moralismo. Se um casal vive uma relação aberta e ambos focalizam *ludus*, não há problema. Há vários casais que apreciam sexo a três ou mesmo relações esporádicas com outras pessoas. São pessoas que apreciam seduzir e ser seduzidas e vivem isso de modo tranquilo, sem sentimentos de culpa, pois tudo foi acordado entre as partes. *Ludus*, entretanto, se torna um problema muito sério quando a outra parte não sabe de nada e ainda é tratada com desrespeito. Conforme relata Anja:

Então, dias atrás postei no Facebook uma foto do dia em que nos conhecemos, no qual ele se mostrou tão fascinado por mim a ponto de me assustar. Ele simplesmente não tirava os olhos de mim. Como tinha um monte de gente na foto, várias pessoas curtiram. Adoraram. Inclusive a namorada dele! Pode parecer bobo, mas fiquei chocada e senti uma pena enorme da garota, um mal-estar... A menina curtiu justo a foto do dia em que o namorado dela ficou o tempo todo me olhando e sorrindo para mim com cara de peixe apaixonado. Tudo bem que foi algo espontâneo, pois ninguém escolhe por quem vai se apaixonar, mas sei lá.

O problema aqui é que talvez não tenha sido exatamente "paixão" o que o rapaz sentiu, mas apreço pelo jogo proibido de seduzir outra na frente da própria namorada, sem muita consideração pelas partes envolvidas. Claro, estamos supondo que a namorada do rapaz não sabia de nada. *Ludus* sem *philia* é perverso. Mas, se a namorada sabia e a ideia do casal era seduzir alguém para uma relação a três, ou para uma relação esporádica dele com outra moça, não haveria *a priori* um problema ético.

Vale ressaltar que muita gente pode ler o parágrafo anterior e contestar: "Mas como não há problema ético em fazer sexo a três ou fazer sexo com outra pessoa quando se está namorando?" O que acontece é que ética e moral não são a mesma coisa, apesar de parecerem. Concordo que seja um problema moral para muita gente e para muitas culturas três pessoas fazerem sexo umas com as outras, ou o sexo fora do casamento, mesmo com autorização da outra parte. Ressalto, todavia, que há culturas em que a moral sanciona casamentos múltiplos. A diferença fundamental é a seguinte: quando falamos em moral, nos referimos a uma série de conceitos sancionados por uma tradição que dita que isso ou aquilo é certo ou errado, não necessariamente por meio de argumentos razoáveis. Trata-se apenas de hábito. A ética, por sua vez, pode eventualmente contrariar a moral, mas o que contraria a moral não é "mau". Por exemplo, relações homossexuais no Egito contrariam a moral, pois são consideradas crime. Mas não podemos dizer que um casal homossexual egípcio seja antiético. Do mesmo modo, ainda que um casal que aprecie sexo a três seja algo chocante para nossa moral cristã, se são verdadeiros uns com os outros, então há uma poderosa ética envolvida.

Uma vida sem *ludus*

Há pessoas que, de fato, não sabem jogar. Jogar envolve contenção emocional, capacidade de refletir antes de agir e, sobretudo, sangue frio. Você pode até encontrar um parceiro compatível, mas, se não souber jogar e seduzir, vai gerar apenas desinteresse. Revelar vulnerabilidade rápido demais, contar seus problemas muito cedo, dizer tudo o que lhe vem à cabeça: nada disso é muito sedutor. Na verdade, são procedimentos apenas cansativos quando não conhecemos bem as pessoas. Numa relação íntima já bem fundamentada, expor a vulnerabilidade e partilhar problemas é mais que esperado. Mas e no começo? No começo, honestidade a toda prova equivale a usar repelente de gente.

Além de existirem pessoas que parecem ter uma imensa dificuldade para aprender a jogar no tabuleiro da sedução, há também outro fato: com o tempo, a gente cansa de brincar e deixa de agir de forma sedutora com a pessoa amada. *Ludus* é uma face que exige esforço, dedicação. Artifícios, afinal, exigem esmero. É natural que, na convivência íntima, conheçamos e façamos conhecer partes pouquíssimo sedutoras dos outros e de nós mesmos. Não estaremos cheirosos, nem bonitos e muito menos bem dispostos e de bom humor o tempo todo. A não ser, é claro, que você seja tão obsessivamente *ludus* a ponto de fazer como uma amiga, que se levanta sempre antes do marido para ficar linda. *Todos* os dias. O problema desse excesso de *ludus* é que ele não dá espaço para o fortalecimento da amizade (*philia*), pois tal vida é um teatro constante. O extremo oposto disso também não é nada agradável. Explicando melhor: você se casa com alguém lindo, mas, após o casamento, a pessoa começa a se descuidar tanto que se torna, com o tempo, irreconhecível.

Há ainda pessoas que, por alguma razão, agem de modo tão pouco hábil que, não importa quanto sejam atraentes à primeira vista, estão sempre chateando os outros.

Exemplo de caso: quando *ludus* falta

Quando conheci Andressa, o que mais me chamou a atenção foi sua absoluta inexperiência na arte dos jogos do amor. Ou seja, Andressa não sabia namorar. Se conhecia um rapaz numa festa e terminava rolando algo mais "quente", logo após o primeiro beijo ela já perguntava: "Quais são suas intenções? Você quer namorar ou é do tipo que fica e cai fora?" Evidentemente, se Andressa não aprecia a ideia de "ficar" e só tolera contato físico com alguém (mesmo que seja apenas um beijo e carícias) caso um namoro lhe seja garantido, isso por si só não é um problema. Até algumas décadas atrás, toda moça agia desse jeito. O problema aqui é que o jogo de hoje é outro. O jogo mudou, mas Andressa continua atuando como se estivesse em 1920. Ela literalmente apavora os pretendentes.

Quando alguém entra na onda dela, dizendo aquilo que ela quer ouvir, lhe prometendo amor eterno vinte minutos depois de se conhecerem, a coisa piora: se no outro dia o rapaz não responde à mensagem que ela lhe envia por celular, ela manda dez na sequência cobrando resposta. Andressa é, sob diversos aspectos, bonita, inteligente e agradável. Mas, quando o assunto é relacionamento íntimo, ela peca por uma notável inabilidade para o jogo da sedução. De nada adianta ser lindo, atraente e inteligente se seus procedimentos afetivos são inábeis. Relacionamentos humanos demandam um pouco de jogo, caso contrário se desintegram. No fundo, somos eternas crianças que adoram se divertir. E quem não sabe brincar, brinca sozinho.

Proposta de atividade complementar

A despeito de existir uma enormidade de filmes dedicados ao amor-*ludus* (afinal de contas, o tema é perfeitamente cinematográfico), sem dúvida o mais emblemático é o famoso *Ligações perigosas* (1988), indicado a sete Oscars. Trata-se da história de um incrível sedutor, o visconde de Valmont (John Malkovich), cujo objetivo de vida é criar jogos e manipulações capazes de envolver a mais difícil das mulheres. O filme mostra bem o que acontece quando uma vida é exclusivamente baseada no amor como *ludus*: pode ser divertido, mas é igualmente perigoso e destrutivo.

Ligações perigosas é baseado num clássico livro francês de Choderlos de Laclos. Também baseado nesse mesmo livro há o filme mais atual *Segundas intenções* (1999), que conta a história de dois irmãos guiados exclusivamente pela moral da sedução. Especialistas em destruir a vida alheia criando intrigas e jogos afetivos por puro tédio, demonstram conhecer de forma magistral os procedimentos e as estratégias capazes de seduzir a mais esperta das criaturas.

Comédias românticas em geral estão cheias de amor como *ludus*. O simpático *Como se fosse a primeira vez* (2004) mostra um lado muito mais belo do amor jogador. Narra a história de Henry (Adam Sandler), um rapaz que se apaixona por Lucy (Drew Barrymore). O problema é que Lucy tem um tipo especial e delicado (além de fictício, vale dizer) de amnésia: ela sempre esquece o dia anterior. Então, Henry tem de seduzi-la todos os dias, inventando uma nova estratégia a cada vez. Evidentemente, é preciso mais que apenas *ludus* para instigar Henry. Sem motivações, digamos, mais espirituais, cedo ou tarde ele terminaria se cansando do jogo. Nos próximos capítulos, você vai compreender que outra face do amor também movia Henry: a face iluminada e compassiva chamada *agape*.

Após assistir a esses filmes e ver exemplos do pior e do melhor do amor em sua forma *ludus*, vale a pena refletir sobre os seguintes pontos:

- Acho tão importante que as pessoas me considerem atraente a ponto de me produzir até quando vou à padaria da esquina?
- Sinto o constante desejo de seduzir outras pessoas, mesmo sem intenção de me envolver com elas? Gosto de me sentir desejado(a) e estimulo isso no meu dia a dia mesmo quando estou comprometido(a)?

- Minto ou omito coisas sobre mim de modo a parecer mais fascinante para os outros?
- Crio personagens tão convincentes que, no fim das contas, nem sei mais dizer o que é criado e o que é realmente meu?
- Já entrei em um jogo amoroso tão poderoso a ponto de me sentir incapaz de sair?

Respondendo "sim" a qualquer uma das perguntas acima, você demonstra já ter conhecido, mesmo que de leve, a face lúdica do amor. *Vamos brincar?*, ela diz. E brincar é bom, contanto que você não se perca no jogo. Afinal, há tiros que saem pela culatra.

10
AGAPE:
O AMOR COMPASSIVO

Verbos de *agape*: cuidar, sacrificar-se, doar, perdoar, abnegar-se, abençoar

Dentre as seis faces do amor, *agape* provavelmente é a única que chegou a ser alçada à categoria de virtude por toda uma cultura: o cristianismo. A tradição cristã fala de três virtudes teologais: fé, esperança e amor (mas aqui o amor assume sentido bem específico: o da caridade). As virtudes teologais, segundo o pensamento cristão, constituem a base moral a partir da qual a vida humana encontra sentido. São, por assim dizer, as três mais importantes, que fundamentam todas as outras virtudes. Mas é curioso notar que, a despeito de a fé ser a mais popular (ou, pelo menos, é a que as pessoas evocam como mais importante), a própria literatura cristã diz claramente que as três virtudes teologais não são iguais em importância. Dentre elas, há uma sabidamente mais significativa, e é sem dúvida o amor. Vejamos o que nos diz Coríntios 13:

Ainda que eu falasse as línguas dos anjos e falasse a língua dos homens, se não tivesse amor, seria como o metal que soa ou como o sino que tine.

E ainda que tivesse o dom de profecia, e conhecesse todos os mistérios e toda a ciência, e ainda que tivesse toda a fé, de maneira tal que transportasse os montes, e não tivesse amor, nada seria.

O amor é sofredor, é benigno; o amor não é invejoso; o amor não trata com leviandade, não se ensoberbece.

Não se porta com indecência, não busca os seus interesses, não se irrita, não suspeita mal;

Tudo sofre, tudo crê, tudo espera, tudo suporta.

O amor nunca falha; mas havendo profecias, serão aniquiladas; havendo línguas, cessarão; havendo ciência, desaparecerá;

Porque, em parte, conhecemos, e em parte profetizamos;

Mas, quando vier o que é perfeito, então o que o é em parte será aniquilado.

Quando eu era menino, falava como menino, sentia como menino, discorria como menino, mas, logo que cheguei a ser homem, acabei com as coisas de menino.

Porque agora vemos por espelho em enigma, mas então veremos face a face; agora conheço em parte, mas então conhecerei como também sou conhecido.

Agora, pois, permanecem a fé, a esperança e o amor, estes três, mas o maior destes é o amor.

Esse texto é bastante explícito: de nada vale ter o dom das profecias, ou capacidades notáveis, como ser poliglota, se não se tem amor. O texto é também contundente: de nada vale a fé, se a pessoa não tem amor. E conclui, imbatível, comparando as três virtudes: "o maior destes é o amor". Mas, como já dissemos, "amor" é uma palavra que assume significados bastante diferentes a depender do contexto no qual se aplica. E o amor no sentido de virtude teologal cristã não é, de forma alguma, *ludus* ou *pragma*. Trata-se, isto sim, de *agape*, ou, se preferirmos, podemos evocar o termo latino *charitas*: caridade.

Agape é uma palavra que aparece ainda em outros contextos. No clássico *Odisseia*, de Homero (século VIII a.C.), o termo surge para designar um sentimento de grande satisfação. No Império Romano, as cartas começavam com "*agape*", tendo o mesmo teor do nosso atual "caro" ou "prezado". Ainda que existam diferenças de aplicação, verifica-se que o termo trata de uma elevada afeição, sem conotação erótica ou sensual, que encontra satisfação em si mesma: amamos e tal sentimento nos basta, ainda que não haja reciprocidade. É um afeto positivo sem implicações de retorno. No Novo Testamento, essa categoria do amor encontra sua maior significância nas palavras do próprio Jesus. É em Mateus 22:37-41 que ele afirma que, entre os dez mandamentos, os dois mais importantes são os primeiros, que versam especificamente sobre amor (o amor a Deus e o amor fraterno ao próximo). Também no famoso Sermão da Montanha, Jesus declara:

> Ouvistes dizer: "amarás (*agape*) teu irmão e odiarás teu inimigo", mas eu vos digo: amai (*agape*) vossos inimigos, fazei o bem aos que vos odeiam, e orai por aqueles que vos perseguem e maltratam, pois deste modo sereis filhos de vosso Pai nos céus, aquele

que faz com que o Sol se levante sobre o mau e sobre o bom, e faz chover sobre o justo e sobre o injusto. Se amais apenas aqueles que vos amam, que recompensa tereis?

O amor-*agape* tende a ser encontrado de forma profusa em pessoas com real vocação religiosa. Nelas, o sentimento maior se dirige não a um ou outro indivíduo, mas à humanidade inteira. A intensa dedicação de irmã Dulce (1914-1992) a obras sociais encontra motivação em *agape*. Quando Francisco de Assis (1182-1226) abdica de toda a sua riqueza e passa a dedicar a vida à humanidade e aos animais, é igualmente *agape* que o motiva. Não precisamos, contudo, de casos tão famosos e extremos para perceber que esse tipo de amor não é nem tão raro e nem exclusivo dos ditos santos.

Pessoas comuns que dedicam boa parte do tempo a trabalhos assistenciais, voluntariados sociais e proteção animal – ou seja, agem em prol de causas que ultrapassam sua mera vida – são casos típicos do amor como *agape*. Sua maior característica consiste na ausência da obrigação de reciprocidade. Se você se dedica a ajudar uma causa social, por exemplo, isso não implica necessariamente uma relação próxima e pessoal entre você e aquele a quem ajuda. A satisfação do amor como *agape* não é obtida a partir do reconhecimento do ser amado, nem provém de ganhos pessoais. Ainda que admitamos que há satisfação emocional na vivência desse amor, trata-se, sobretudo, de uma satisfação oriunda do sentimento em si. "Sou feliz porque amo", diria um clássico *agape*. Uma de minhas amigas, Alessandra Siedschlag, idealizadora do Projeto SalvaCão (movimento de proteção e resgate de animais abandonados), já declarou várias vezes quanto a dedicação a esse trabalho preencheu de sentido sua vida. O sentimento de prazer advindo do amor como *agape* é autossuficiente, e isso o torna fascinante: ficamos felizes porque amamos, independentemente de sermos ou não amados de volta. É assim que se sente quem se mobiliza em prol de causas sociais e assistenciais, sejam quais forem.

Por mais que possa parecer que *agape* está profundamente implicado na vida de pessoas religiosas nas mais distintas culturas, não se trata de uma face do amor exclusiva a esses casos. Alguns dos maiores humanistas não religiosos são exemplos poderosos dessa face do amor. O sociólogo Betinho (1935-1997), ateu, foi um dos mais intensos ativistas dos direitos humanos do Brasil, sendo um dos criadores do projeto Ação da Cidadania Contra a Fome, Contra a Miséria e Pela Vida, movimento em favor dos pobres e excluídos. A atriz Angelina Jolie, igualmente ateia, dedica grande parte de seu tempo a atividades filantrópicas. O amor-*agape* não se restringe a essa ou àquela crença. Todos os seres humanos são, em maior ou menor grau, capazes de experimentar o amor humanitário, altruísta e compassivo, independentemente da religião.

Também encontramos *agape* em um tipo de amor bastante comum: o de muitos pais por seus filhos. Esse tipo de amor costuma se sustentar mesmo quando não há reciprocidade (filhos que pouco se importam com seus pais, por exemplo), ou quando o que o filho se torna contraria absolutamente as expectativas iniciais dos pais. É claro que nem todo pai e nem toda mãe sente amor-*agape* por seus filhos, mas não é raro.

É também essa face do amor que valida a antiga máxima dos casamentos tradicionais: "na saúde e na doença, na alegria e na tristeza..." Um caso emblemático é o de Christopher Reeve, ator que interpretou o Super-Homem no cinema por muitos anos. Após sofrer um acidente que o deixou tetraplégico, ele teve a assistência da esposa, Dana, até morrer, em 2004. O que a mantinha firme ao lado do marido seguramente não era *eros* (o amor erótico não mais podia existir) nem *ludus* (a situação não era nada divertida ou sensual). Podemos apostar numa boa dose de *philia*, pois Chris e Dana foram acima de tudo melhores amigos e, sem dúvida, no mais puro *agape* – o amor que tudo suporta, que se sacrifica e se doa independentemente do resultado.

Agape demais

Quando *agape* se manifesta de modo excessivo, podemos apostar em duas faces do amor deficitárias. Em primeiro lugar, *eros*, em decorrência da oposição diametral a *agape*. Quando as faces do amor já são naturalmente opostas, o exagero de uma costuma implicar a carência da outra. Mas é bastante comum que *agape* em excesso também traga consigo a falta de *pragma*. Dentre as histórias apresentadas no Fórum Personare, a que será mostrada a seguir fascina pela riqueza de detalhes autossacrificiais sem nenhum benefício erótico – o que é muito comum quando, por exemplo, uma mulher se apaixona por um homem gay e se converte em sua querida mamãe. Acompanhe o depoimento dessa moça que assina como Mulher Indecisa. Antes de tudo, impossível não destacar a forma como ela dá início a seu desabafo:

Em junho do ano passado, postei minha história, recebi diversos comentários valiosos que me ajudaram muito, porém sinto que ainda necessito de ajuda, e estou postando minha história mais uma vez para quem ainda não a conhece e para quem já a conhece também. Comentários novos são sempre bem-vindos.

Lendo tudo o que ela escreveu, não consegui entender de fato de que modo os conselhos e os comentários a ajudaram, uma vez que ela se mantém exatamente na mesma história de antes. Via de regra, ler/ouvir conselhos sobre os nossos problemas pouco ou nada nos modifica, somente nos conforta. Resumindo: ela se apaixonou por um homem que diz que não tem certeza se é gay, mas confessa já ter se apaixonado perdidamente por outro homem. Como assim? Tenho a impressão de que ele sabe muito bem do que gosta.

Há quatro anos amo um grande amigo. Todo esse amor surgiu quando ele veio morar na minha casa, por estar passando por dificuldades financeiras e não ter onde morar. Eu havia saído de um casamento fracassado e morava com minhas duas filhas, então fiquei muito feliz com a ideia de tê-lo em casa, eu mesma lhe ofereci abrigo. Com o passar do tempo, algo dentro de mim foi mudando, eu fui me apaixonando por ele, e isso fugiu do meu controle. Fui ficando mais e mais envolvida e, quando dei por mim, havia perdido toda a paz de espírito. Com isso, comecei a tentar algo com ele, mas sempre era rejei-

tada. Até que um dia eu disse a ele que havia me apaixonado, que o amava, que o queria, e pedi que me desse uma chance para mostrar o meu amor. Então, ele me disse que não podia me amar, pois achava que era gay, porque já tinha se apaixonado perdidamente por um rapaz, e disse ainda que nunca tinha tido experiências sexuais nem com homens nem com mulheres. Mesmo depois de ouvir todas essas palavras, meu amor só cresceu ainda mais.

Fica evidente a falta de *pragma* a partir do momento em que a mulher ouve do amigo a declaração franca sobre sua sexualidade ("ele achava que era gay") e não deixa a ficha cair. Talvez ela se apegue à fatal esperança sobre a qual tanto conversamos nos primeiros capítulos deste livro. Será que o fato de ele não afirmar veementemente "eu sou gay" a faz alimentar a expectativa de que talvez possa torná-lo hétero? Não me parece que ele "acha" que é gay, afinal já se apaixonou por outro homem e, aparentemente, por nenhuma mulher. Pessoas com problemas de aceitação da própria homossexualidade costumam ser traumatizadas com situações preconceituosas vivenciadas no âmbito familiar, estudantil ou mesmo entre amigos, no trabalho ou na religião. Considerando o próprio depoimento da leitora, eles parecem ter confiança mútua: não se desgrudam, mesmo ele tendo saído da casa dela, e ela virou uma espécie de mãe, psicóloga e empregada doméstica gratuita. É tanto *agape*, tanta disposição sacrificial, que ela poderia se candidatar à canonização.

Vivemos nossa vida em constante união, ele sai comigo todos os fins de semana, vamos a diversos lugares, ele é meu único companheiro e eu a única companheira dele. Assim nos divertimos muito. Para estar ao lado dele, eu parei no tempo, não consigo me relacionar com mais ninguém, penso nele o dia todo, faço tudo por ele, não meço esforços para estar a seu lado, vivo a vida para vê-lo feliz. Não consigo me interessar por mais ninguém. E ele não quer nada comigo. E eu, a cada dia que passa, alimento ainda mais a esperança de que um dia ele possa me amar. Eu me preocupo o tempo todo com ele, se está precisando de mim, e, quando posso, vou almoçar com ele ou vou até a casa dele. Nos fins de semana ele costuma beber muito e, nesses momentos, fala que me ama, só que do jeito dele. Então nós nos abraçamos, nos beijamos, ficamos sozinhos na minha casa em plena madrugada, mas não passamos dos beijos ou brincadeiras de ele passar a mão pelo meu corpo. Quando eu tento algo, ele diz que não consegue sentir nada por homens nem por mulheres. Eu o amo, tenho certeza disso, pois acredito que só assim alguém seja capaz de pensar no outro o tempo todo e se preocupar tanto como eu me preocupo com ele. Penso que ninguém é capaz de fazer por alguém o que faço por ele sem pedir ou querer absolutamente nada em troca. Chego a incomodar do tanto que ligo perguntando se ele está com fome, se precisa lavar roupas, se precisa da minha ajuda para alguma coisa etc.

É visível que nossa amiga Mulher Indecisa ama o rapaz em questão e é amada de volta, mas não da forma *eros* que deseja. É igualmente visível que esperar pela manifestação da atração sexual nesse relacionamento seria uma notável perda de tempo, pelo menos por conta dele. Desse contato, o único gozo amoroso passível de ser extraído é o gozo da *philia*, amizade. Essa face do amor claramente existe e parece ser bem forte. Da parte dela, a força dominante não parece ser *pathos*. Se assim fosse, ela oscilaria entre amor e raiva, ao constatar que não é correspondida. Mas não é raiva o que ela sente, e sim uma melancólica resignação, típica dos amores que se sabem inviáveis. A Mulher Indecisa é uma verdadeira cachoeira de *agape*, manifestando seu amor da forma mais servil possível. Mas trata-se de um *agape* um tanto frustrado, que queria ser *eros* e não consegue.

E da parte dele? Será que ele a usa como mecanismo de defesa para não viver a própria amedrontadora sexualidade? Seria ele um caso real de "assexualidade", ou a coisa toda não passa de uma homossexualidade egodistônica?* Ele diz não sentir nada por mulheres, e pelo visto já até tentou algum contato físico com ela, passando a mão por seu corpo, e nada sentiu. Mas será que já tentou o mesmo com outro homem homossexual?

A despeito de não achar que conselhos sejam eficazes para os problemas alheios, pois a maioria das pessoas simplesmente continua fazendo o que sempre fez, eu me arriscaria a dar um. Nossa amiga Mulher Indecisa, tão cheia de genuína compaixão e amizade, pode ajudar o rapaz a ser feliz, apoiando-o e estimulando-o a experimentar algum tipo de contato homossexual. Talvez seja mesmo disso que ele goste e precise apenas de al-

---

* Homossexualidade egodistônica é toda manifestação de desejo homoerótico acompanhada de um sentimento de culpa tão intenso que impede que aquilo que a pessoa realmente deseja seja vivenciado. Apenas tratamentos psicológicos podem dissolver tais bloqueios, geralmente decorrentes de traumas familiares ou de uma religiosidade específica capaz de insuflar a ideia de "pecado" aos desejos homossexuais.

gum tipo de apoio moral, que provavelmente não lhe foi dado pela família e pelos amigos. Lavar suas roupas e fazer sua comida é fácil, o tipo de serviço que qualquer um pode fazer, e no presente funciona bem como um substituto para o contato físico que nossa amiga não consegue ter. Se não pode tocar o corpo do rapaz, ao menos ela pode lavar suas roupas. Mas a verdadeira disposição sacrificial de *agape* é pretender auxiliar o outro a alcançar a felicidade, ainda que isso signifique "não comigo". Ajudá-lo a encontrar um amor que não seja apenas *philia* é talvez a forma de ela se liberar para viver uma nova – e esperamos que mais erótica e correspondida – história.

E quando falta *agape*?

A dificuldade em viver o amor como *agape* toma a forma do mais profundo egoísmo. O indivíduo só pensa em si e em sua própria satisfação, tendo pouca ou nenhuma consideração pelos outros no processo. Trata-se de uma vida pautada em condicionais precisas: dou-lhe isso *se* você me der aquilo. O importante é o resultado, e não o sentimento propriamente dito.

Sem disposição para abrir concessões, as pessoas com dificuldade para experimentar *agape* agem apenas a partir de critérios que envolvem sempre ganhos pessoais. Se qualquer tipo de sacrifício é demandado na relação, o sujeito pula fora. Quando falta amor-*agape*, falta alteridade, empatia. Os sentimentos alheios não são nem ao menos percebidos.

Enquanto é comum encontrar pessoas completamente incompetentes para *ludus* (péssimas sedutoras) ou ineptas para *pragma* (vivem no mundo da fantasia), por exemplo, é raro encontrar um ser humano isento de amor-*agape*. Certo egoísmo é esperado quando se é muito jovem, fase da vida na qual imperam *eros*, *ludus* e *pathos*. De fato, a juventude não é a fase mais propícia a se experimentar *agape*. Mas mesmo um adolescente egocêntrico sabe o que é a compaixão e a capacidade de sacrifício desinteressado pelos outros. A ausência absoluta de *agape* talvez só seja verificada em um tipo muito raro de indivíduo: o psicopata, que norteia sua existência sem a mínima consideração por outras pessoas. E, felizmente, psicopatas não são tão abundantes no mundo. Mas eles existem!

Quando *agape* falta

Falta de *agape* é perigoso. Se a falta de paixão pode ser desagradável em um relacionamento, poucas coisas são piores que a falta de compaixão. Relacionamentos em que as pessoas (ou uma delas) se portam de modo perverso com aquele que em tese é o ser amado podem não ser apenas "desagradáveis", mas se converter em casos de polícia.

O caso de Helena não é, infelizmente, tão raro. Casada há anos com um homem que a espanca severamente e a humilha de todos os modos possíveis e imagináveis, ela se mantém no relacionamento por um misto de apego, medo e esperança de que ele mude. Ele, por sua vez, na mais absoluta falta de *agape*, pensa apenas em si e é incapaz de realizar qualquer sacrifício, por menor que seja, em prol da relação (ou de qualquer outra pessoa). De acordo com o que Helena me contou anos atrás, ela chegou a dar queixa na polícia, mas a retirou por achar que as coisas poderiam ser corrigidas. Enquanto ela se excede em *agape*, ele demonstra total incompetência para esse sentimento. Hoje em dia, é mais difícil agir como Helena, já que felizmente a legislação mudou e não é mais preciso que apenas a esposa espancada preste queixa na polícia.

Proposta de atividade complementar

Um dos filmes que melhor ilustram o amor-*agape* é o clássico *Irmão sol, irmã lua* (1972), dirigido por Franco Zeffirelli. Nesse filme, somos apresentados à história da vida de dois dos mais queridos santos católicos: Francisco de Assis (Graham Faulkner) e Clara (Judi Bowker). Ambos dedicaram sua existência a imitar a vida de Cristo, fazendo voto de pobreza e se empenhando em trabalhos assistenciais. Além do fato de ser essa também uma história do amor como *philia*, por ilustrar a profunda amizade não erotizada entre são Francisco e santa Clara, seu foco principal é, sem dúvida, *agape*: o amor por Deus, pela humanidade e a disposição para o sacrifício pessoal. A história de Francisco é fascinante sob diversos aspectos e apreciada até por não cristãos. Diz-se que, depois de Jesus, Francisco de Assis é o mais querido personagem masculino da cultura cristã. É quase impossível não ter simpatia por um ser humano tão amoroso, gentil e dedicado aos mais pobres e aos animais. Se metade de sua biografia for verdadeira, Francisco expelia amor-*agape* por todos os poros.

Ainda que você não tenha disposição para se livrar de todos os seus bens materiais, viver na pobreza e nunca mais fazer sexo, dedicando-se exclusivamente à caridade, provavelmente terá grande simpatia pela história de Francisco de Assis. E alguma identificação também, por que não?

Outro filme muito recomendado como exemplo dessa face do amor é o lindíssimo *O óleo de Lorenzo* (1992),* que concorreu ao Oscar de melhor roteiro original. Ele também narra uma história real: apresenta o garoto Lorenzo Odone (Zack Greenburg), acometido por uma doença rara, supostamente incurável. Ao longo do filme, vemos a luta intensa e dedicada de seus pais, Augusto (Nick Nolte) e Michaela (Susan Sarandon, que concorreu ao Oscar de melhor atriz por esse filme). Ambos se dedicaram durante anos a tentar encontrar uma cura ou um paliativo para o sofrimento do filho. Tal amor foi de tamanha dedicação que os pais de Lorenzo – totalmente leigos em medicina – chegaram a descobrir coisas que os médicos ignoravam. O fim é de uma beleza poucas vezes vista num filme (e eu não vou contar; você vai ter de assistir!): a abrangência do resultado da dedicação de Augusto e Michaela é tão incrível que mostra a força do alcance de *agape*, um tipo de amor que atinge até aqueles que não fazem parte de nossa vida.

Não é curioso que os dois filmes que servem de exemplos de *agape* sejam histórias reais? Ocorre que, apesar de ser a face de amor mais elevada, *agape* está longe de ser a mais rara.

---

* Em Portugal, esse filme recebeu o nome de *Acto de amor*, o que é bem apropriado em se tratando de *agape*.

Após ver esses filmes, reflita:

- Você seria capaz de abdicar de algum ganho pessoal importante em prol de outra pessoa?
- Você já experimentou um momento em que se sentiu especialmente feliz pelo simples fato de estar vivo(a)?
- Você já se emocionou de maneira especial com o sofrimento de alguém que não conhece?
- Você já sentiu amor por alguém cujo comportamento em tese não era digno de seu afeto, mas ainda assim não o odiou, chegando mesmo a compreendê-lo?

Caso tenha respondido "sim" a qualquer das quatro perguntas, você já experimentou, em algum grau, o amor-*agape*.

E, conforme já expus, se em primeira instância *agape* parece um sentimento muito elevado, curiosamente não é raro. Assim como não é rara sua face oposta: o amor carnal, voluptuoso e ansioso por satisfação, também conhecido como *eros*, tema do próximo capítulo.

11
EROS:
O AMOR CARNAL

Verbos de *eros*: saborear, tocar, fundir-se, gozar

Em oposição a *agape*, cuja natureza é altruísta e espiritual, temos o amor-*eros*, focado na satisfação carnal e na obtenção do prazer. Para os gregos, *eros* é também o nome de uma divindade cuja existência se explicava a partir de versões bem diferentes. A mais conhecida diz que Eros (Cupido, para os romanos) nasceu da união de Afrodite, deusa do amor, com outro deus. Fala-se que seu pai seria Hefesto, mas há versões que conferem a paternidade a Zeus, Hermes ou Ares. Aparentemente, esse mito já apresentava um problema bem humano: só se tem certeza da maternidade de um bebê; já a paternidade por vezes beira a incógnita.

Hesíodo, nascido no século VIII a.C., oferece ainda outra versão para o surgimento desse deus do amor. Em *Teogonia*, o poeta afirma ser Eros uma divindade primordial, anterior a todos os deuses olimpianos, entidade filha do Caos e responsável pelo surgimento do Cosmos. Seu papel seria reunir e organizar os elementos. Graças a Eros e a seu impulso unificador capaz de fazer com que coisas diferentes se atraiam, o universo pôde existir. Desde o átomo de hidrogênio, que, ao se deparar com o de oxigênio, não tem escolha a não ser se unir a ele, criando a água, até manifestações de química sexual entre dois animais ou dois seres humanos. Do micro ao macro, *eros* é o poder que torna as atrações irresistíveis.

Assim como *agape* é uma poderosa face do amor que nos leva a desejar a vida e a ajudar os outros, *eros* é igualmente poderoso e está em tudo, manifestando-se sem cessar. Neste exato momento em que você lê estas linhas, algum ser está fazendo sexo (ou desejando fazer) com outro, e as moléculas inorgânicas estão reagindo e criando novas formas. É claro que nos seres humanos o amor-*eros* é mais poderoso na juventude, sublimando-se gradualmente até assumir conformações mais espirituais (*philia*, *pragma*, *agape*) na velhice. Todavia, ainda assim, *eros* jamais deixa de existir por completo.

Algumas pessoas podem ficar confusas ao ler sobre as faces do amor, não compreendendo bem a diferença entre *pathos* e *eros*. O amor-paixão não seria o mesmo que o amor-carnal? Na verdade, não. Vejamos o caso de Romeu e Julieta: ainda que eles nunca tivessem feito sexo (*eros*), a paixão (*pathos*) não se tornaria menor, pois efetivamente desejavam fazê-lo. A paixão não demanda necessariamente a ocorrência de sexo. O contrário talvez seja ainda mais fácil de compreender: é perfeitamente possível sentir amor-*eros* sem que isso implique sentir paixão. É a tão banal e conhecida atração sexual sem nada além disso.

Do mesmo modo, *ludus* e *eros* não são a mesma coisa. O amor sedutor, cortês e jogador de *ludus* não tem necessariamente por finalidade a conjunção carnal. A pessoa pode estar apenas exercendo seu poder de sedução por vaidade, para sentir que causa impacto, para provar algo a si mesma, ou satisfazer fantasias que não se convertem em atos. Quando você se veste bem e se perfuma para ir a uma festa, é *ludus* a força motivadora. Mas isso significa que você está se produzindo para fazer sexo com alguém? Não. Do mesmo modo, há *eros* sem *ludus*, embora seja raro – até animais irracionais possuem mecanismos de cortejo e de sedução a fim de atrair seus parceiros.

O famoso "amor à primeira vista" de que tanto ouvimos falar é, a bem da verdade, o amor-*eros*. Ele decorre do impacto sensorial: gostamos do que vemos, ouvimos ou cheiramos. Não temos muito conhecimento sobre quem é o outro, mas mesmo assim o desejamos, porque de algum modo esse outro agrada a nossos sentidos. Em *eros*, não há o conhecimento gradual e a troca intelectual próprios da *philia*, tampouco considerações de conveniência inerentes a *pragma*. Muito menos podemos esperar o afeto desinteressado e desprovido de ânsia de resultado natural de *agape*. O amor-*eros* quer, sim, um resultado. Sendo bem direto, ele quer transar. Trata-se de um processo químico que, no caso dos seres humanos, pode ou não ser filtrado pela razão – e a competência para tal filtro vai variar de acordo com temperamento, cultura e idade. Evidentemente, no que concerne à civilização humana, a realização dos desejos eróticos normalmente passa pela intermediação de *ludus*: cortejamos, seduzimos, criamos todo um teatro prévio, mas por baixo de todo esse verniz o que se deseja é sexo. E não há nada de errado nisso. *Eros* sem um mínimo de *ludus* é pura brutalidade ou incompetência. Eis um exemplo de casos assim: o cara se aproxima da garota numa festa, a agarra sem pudores e sugere: "Vamos transar? Te achei um tesão". Ainda que não tomemos um exemplo tão extremo e grosseiro, não é nada incomum que, com o decorrer do tempo, alguns casais preservem a atração erótica, mas se desleixem no jogo sedutor próprio de *ludus*. Ele ou ela não se preocupa mais em estar apresentável nem em cortejar o parceiro. Como vemos, *eros* em estado puro é uma força brutal da natureza e nada apresenta de civilizado ou romântico. A civilidade é conferida por *philia* e *pragma*, assim como o romantismo deriva de *ludus* e de seus jogos sedutores.

Apenas sexo e amizade

No Fórum de Histórias Reais do Personare, uma em especial me chamou atenção, não apenas pelo teor – similar a muitas histórias bem comuns –, mas principalmente pelos comentários que gerou. Veja o depoimento da leitora que assina como Lizyah:

Sou divorciada, tenho 55 anos, três filhos e seis netos. Tudo começou mais ou menos há dezesseis anos, quando minha filha mais velha, na época com 19 anos, terminou com o namorado [...]. Após alguns meses, esse ex-namorado me ligou dizendo que gostava mui-

to da minha família e de mim e que não perderíamos a amizade por causa do rompimento. A partir daí, ele passou a me ligar com mais frequência, querendo ter notícia de todos, dizendo que gostava de conversar comigo etc. Numa dessas ligações, ele me perguntou como eu estava, se estava namorando, começou a me elogiar e me convidou para tomar uma cerveja. Como eu estava sozinha, pensei que ele podia ser uma boa companhia para me distrair, conversar um pouco, sair da rotina. No dia do encontro, num barzinho um pouco longe de casa, me diverti bastante por ele ser muito extrovertido [...] e cheio de vida, muito alegre e brincalhão. Tão brincalhão que me deu várias cantadas, e eu levei tudo na brincadeira, mas era tudo verdade. Depois de alguns dias, ele me ligou perguntando se eu havia pensado no convite que ele me fizera para ir a um motel. Sinceramente, no dia nem dei ouvidos, porque o achava muito jovem, era pouco mais velho que minha filha, ex-namorada dele. Mas no dia da ligação eu estava realmente carente de muito amor e carinho e, juro, não pensei duas vezes para dizer que aceitava. Combinamos de nos encontrar no dia seguinte, não na minha casa, mas no bairro mesmo. Daquele momento em diante, fiquei tensa, preocupada, não consegui olhar para minha filha, mal respondia ao que ela me perguntava, passei a noite em claro, só pensando no que faria.

No horário e no local combinados, eu estava esperando pelo ex-namorado da minha filha para ir com ele a um motel. Meu Deus, que aflição. Ele parou o carro, eu abri a porta e entrei. Meu coração estava a mil. Uma música romântica tocava, eu fiquei muda, e ele, muito sério, dirigiu até o motel mais próximo. Nós entramos e eu me sentei na cama, pensativa, refletindo sobre tudo que estava acontecendo. Ele se aproximou e me disse que só faríamos o que eu qui-

sesse fazer, que éramos adultos e, se estávamos ali, é porque tínhamos algum sentimento um pelo outro. Eu me acalmei e deixei tudo por conta dele. Com muito carinho, ele conseguiu me fazer esquecer que era ex-namorado da minha filha e bem mais jovem que eu. Eu me senti a mulher mais amada, mais linda, a única. Saímos várias outras vezes durante alguns anos, depois arrumei um companheiro e moramos juntos por cinco anos. Então, me separei e voltei a me encontrar com meu ex-genro. Logo ele arrumou uma namorada, noivou e se casou, mas nós não deixamos de nos ver por isso. Hoje, eu com 55 anos e ele com 36, ainda fazemos amor como da primeira vez, mas a cada quinze dias e não toda semana, como ele gostaria. Somos amantes apenas dentro do motel. Fora, somos amigos, sem nenhum apego.

Assim como Lizyah, muitos de nós mantemos relacionamentos com pessoas com as quais nos vinculamos de modo unicamente sexual (*eros*), embora nesse caso específico eu arrisque dizer que o depoimento sugere a existência de um tipo de amizade entre as partes (*philia*). Em geral, quando apenas *eros* conecta as pessoas, a relação não vai muito além de algumas transas, o que não ocorre na história de Lizyah: seu contato de "amizade colorida" com o rapaz ultrapassa a marca dos quinze anos, durante mais que muitos casamentos. Nesse caso, *eros* não demonstra disposição para murchar. Como ela mesma depõe, "fazemos amor como da primeira vez" – coisa bastante incomum, convenhamos, se compararmos com a média dos casais, cuja performance sexual tende a diminuir à medida que os anos transcorrem. Eros costuma ser um deus caprichoso: se manifesta e depois vai saracotear em outro canto, como o Cupido mitológico, empenhado em atirar flechas a torto e a direito, sem se preocupar com as consequências de seus atos. *Philia*, ao contrário, costuma ser uma divindade capaz de se fortalecer com o passar dos anos. Quando *eros* e *philia* se juntam, temos as famosas "amizades coloridas" que, para raiva e inveja de muitos, duram mais que diversos casamentos. Até porque, convenhamos, nesse tipo de relacionamento as pessoas dispõem apenas dos prazeres, e não das cobranças e obrigações que por vezes desgastam os enlaces formais.

Uma relação aparentemente pautada apenas em *eros* com algum nível de *philia* pode ser uma história de amor? Parece-me que sim, por que não? Os termos "amor" e "amada" surgem diversas vezes no texto de Lizyah e, efetivamente, *eros* também é amor, embora muitos possam julgar tal história a partir de valores morais específicos e discordar. Também é possível notar sentimentos iniciais de culpa em Lizyah, decorrentes da percepção de quanto esse relacionamento contrariava *pragma* (a conveniência): a diferença de idade (que, em nossa sociedade ainda bastante machista, só parece incomodar quando a mulher é mais velha) e o fato de o rapaz ter namorado a filha da protagonista. Impossível não notar que, passados mais de quinze anos, ela ainda se refere ao rapaz como "ex-genro" (sendo que nem casado com a filha ele foi, não passando de um namorado de adolescência). Seria essa constante lembrança do rapaz como "ex-genro" um persistente sentimento de culpa? Ou a lembrança é excitante para Lizyah (o proibido é estimulante)? Não temos dados para afirmar ao certo, mas é curioso notar a insistência da mulher em se lembrar do rapaz como alguém que namorou sua filha.

Não é nada incomum *eros* se manifestar em torno do proibido. Histórias como a de Lizyah são recorrentes, e já perdi a conta de quantos casos ouvi em que a "titulação" do outro era insistentemente citada: "Transei com a minha vizinha e o marido dela nem desconfia", ou "Fiz sexo com o melhor amigo do meu filho", ou "Peguei minha ex-cunhada". Nessas situações confessionais abundantes em revistas pornográficas (verdadeiros templos de *eros*), observa-se quase sempre uma mescla de sentimento de culpa com excitação ampliada pela "proibição moral". Salientemos, aqui, o termo "moral" em contraposição ao "lícito" – não é crime transar com o amigo do filho, ou com a ex-cunhada, tampouco com o ex-genro, contanto que o sujeito seja maior de idade e mentalmente capaz. Tesões avassaladores costumam ter o dedo mitológico da assanhada Afrodite (mãe do deus Eros), que nunca se fez de rogada ao criar amores pouco convenientes e até mesmo escandalosos.

Obviamente, nem todos verão "amor" na história de Lizyah, caso estejam concentrados em uma perspectiva muito distinta de *eros*. Para muitos, o fato de o rapaz ter se casado e trair sexualmente a esposa se trata de uma afronta mortal a outra face do amor: *pragma*. O fato de Lizyah aparentemente esconder o fato da filha constituiria falta de amor materno incondicional, *agape*, misturado com inconveniência (*pragma* novamente). Vejamos o que diz, por exemplo, a leitora que assina como Deezaah. Note quanto ela recrimina *eros* e exalta *pragma* (a importância de se casar) e *agape* (colocar-se no lugar da filha, considerando que ela sofreria se soubesse a verdade – afirmação bastante duvidosa, diga-se de passagem, pois a filha poderia apenas dar de ombros e dizer "nem me lembro dele"):

Desculpe-me, mas acho que você deveria se colocar no lugar da sua filha e pensar que, se fosse com você, você não iria gostar, tenho certeza.
Mas hoje em dia o que vale é sexo, né? As mulheres só querem e pensam nisso. Se você o amasse e ele sentisse o mesmo, hoje estariam juntos, mas não com sem-vergonhice, e sim casados, e se fossem casados ele te botaria um belo par de chifres, pois o que ele faz com a mulher dele, faria com você se estivesse no lugar dela. Aliás, você falou para sua filha sobre isso? Ou esconde até hoje? Pra mim, faltou muita sinceridade nessa história!

Ao ler as reclamações de Deezaah, penso em quanto nossas perspectivas parciais nos induzem a julgar os outros. Deezaah afirma que a história de Lizyah não é amor ("se você o amasse"). Eu contesto, dizendo que se trata, sim, de amor – muito embora, dele, apenas uma parte (*eros*, talvez *philia*). O fato de o rapaz trair a esposa certamente motiva muitos julgamentos morais que fazem sentido em diversas culturas e épocas, mas não me interessa, aqui, vaticinar se as pessoas estão certas ou erradas naquilo que fazem. Limito-me a constatar quanto esse tipo de história é comum. Não conhecemos a versão do rapaz, não temos uma visão do todo e, por isso, deveríamos evitar julgá-lo apressadamente. Pessoas casadas que "pulam a cerca" e satisfazem os desejos de *eros* existem desde que o mundo é mundo, e ler uma história dessas não me causa nenhum assombro. Quanto aos que dizem coisas do tipo "Se fosse com você, você iria gostar?", eles se surpreenderiam ao descobrir que muita gente gosta de saber que seus parceiros fazem sexo com outras pessoas. Há quem goste até de ver e de participar. A única coisa que poderíamos criticar nessa história é o suposto fato de o rapaz mentir para a esposa – o que, convenhamos, não é problema de Lizyah, mas dele. Evito a crítica, pois não sei se o rapaz mente para a esposa. Não lemos a versão dele, não é mesmo? E se ele contou para mulher e ela deu de ombros, dizendo: "Tudo bem, mas use camisinha"?

Deezaah, revoltada com a história de Lizyah, diz ter 19 anos, idade em que costumamos ter uma visão mais simplista das coisas. Temos certezas absolutas e achamos que já sabemos de tudo, sendo que poucas vezes tivemos oportunidade de experimentar. Além disso, mulheres nessa faixa etária costumam (com exceções, vale sempre lembrar, e provavelmente por razões culturais) ter uma perspectiva mais romântica das relações. Em compensação, homens da mesma idade costumam achar "quentes" histórias do gênero. Outras mulheres, mais velhas, que responderam à história de Lizyah, em contrapartida, a parabenizaram por sua capacidade de vivenciar o sexo sem apego. Caso, por exemplo, da leitora Lúcia, de 54 anos:

O maior e o pior problema de casos assim deve-se ao lado emocional da mulher. Geralmente ela se apaixona, não distingue amor de sexo e sofre bastante, mas, pelo que você narra, esse não é seu caso, então, se está bom para os dois, continuem o caso de vocês.

Isso jamais combinaria comigo, porque eu me apego muito facilmente e mais ainda porque acabo misturando sexo com amor. Só faço sexo com um homem quando percebo em mim um sentimento real por ele, algo mais forte, além de atração.

Lúcia analisa bastante razoavelmente a situação, embora faça distinções entre "amor" e "sexo", dando a entender que *eros* não é amor, e amor seria outra coisa (qualquer outra das cinco faces com a qual ela mais se identifica). Lúcia, contudo, não se apressa em julgar a história de Lizyah. A vantagem de ter 54 anos é já ter visto e vivido muita coisa e ter mais tolerância com as histórias alheias.

O depoimento que lemos neste capítulo é uma "história de amor"? Claro que sim, ainda que não do amor em sua completude (e alguma é? Se você conhecer um casal que integre as seis faces, apresente-o a mim, pois não conheço nenhum). Trata-se de uma história do amor como *eros*, aparentemente satisfatória porque as duas partes vibram na mesma frequência. Se ele viesse com *eros* e ela quisesse *pragma*, ou vice-versa, provavelmente não haveria tanta compatibilidade, e o depoimento de Lizyah seria quase todo queixoso. Brindemos, então, aos dois que se encontraram e se satisfazem tão bem no motel a cada quinze dias! Quanto à esposa dele e à filha dela (se é que a filha sofre algum dano real com essa história toda), a falta de *agape* (compaixão) e de *pragma* (conveniência) não é nada estranha em histórias em que a face *eros* é dominante. Como vimos neste capítulo, *eros* deseja a própria satisfação e o mundo que se dane. Eu jamais perderia tempo determinando se isso é bom ou ruim, certo ou errado. Apenas constato que existe e também é amor, gostemos ou não.

Quando *eros* nos falta

Eros não é uma face do amor vivida por todas as pessoas e, ao contrário do que ocorre na falta de *agape*, isso não é necessariamente um problema. Algumas pessoas, por razões variadas, escolheram uma vida celibatária e não dão vazão a seus impulsos sexuais, sublimando-os – é o caso, por exemplo, daqueles que se dedicam a uma vida sacerdotal. Há também aqueles que se dizem assexuados, embora tal classificação seja bastante polêmica, pois uma coisa é escolher não vivenciar os desejos sexuais (como no caso do celibatário), outra é afirmar não ter impulsos sexuais. Alguns médicos chamam isso de "distúrbio de hipoatividade sexual" e partem do pressuposto de que o assexuado é traumatizado – daí a aversão. Muitos ditos assexuados rebatem, afirmando não viver conflito algum e ser felizes assim.

No próprio desenvolvimento da vida, é natural um declínio de *eros*. O impulso erótico é claramente forte na juventude por razões não apenas orgânicas como também psicológicas, e gradualmente decresce à medida que a vida caminha em direção à velhice. "Decrescer", note bem, não significa "sumir", e a medicina contemporânea já conta com toda uma tecnologia capaz de possibilitar que as pessoas de mais idade tenham uma vida erótica.

Mas, mesmo nos mais jovens, é comum viver períodos de declínio erótico. Casais também passam por tais declínios, mais por razões psicológicas que físicas: as pessoas já se sabem conquistadas, já se experimentaram diversas vezes. Se o sexo era frequente no início da relação, vai se tornando gradualmente escasso com o passar dos anos, mas pode perfeitamente ser reavivado por jogos, aventuras e coisas fora da rotina, estimulados pela face *ludus* do amor.

E quando *eros* se vai drasticamente de uma relação? Isso inviabiliza um casal? Normalmente sim. Há casos, contudo, em que o casal se mantém por conta da amizade (*philia*), ou em decorrência de forças maiores, como criar os filhos ou manter a segurança doméstica (*pragma*), ou até por um profundo amor espiritual (*agape*), como no caso de Christopher e Dana Reeve. Em geral, porém, quando *eros* se vai, nada impede que volte e incendeie o mesmo casal. A rotina é inimiga de *eros*, mas pode ser quebrada por jogos e aventuras (*ludus*).

Quando *eros* diz adeus

O problema é quando *eros* parece ter dado adeus ao casal e não manda nem cartões-postais. Vejamos o caso de Pattylene, cujo depoimento foi postado no Fórum Personare:

Tenho 34 anos e sou casada há quinze com um homem catorze anos mais velho que eu. No início, eu tinha tesão por ele, tinha desejo, mas hoje as coisas mudaram. Não sinto mais nada. O sexo foi esfriando; não tenho vontade de transar com ele, mas tenho muito desejo por outros homens. Quando transo com meu marido, me sinto usada, não sinto prazer, faço por obrigação. Ele não me toca, chego a achar que tem nojo de mim. Mas, quando estou com outro, me sinto desejada, sinto prazer, não tenho vergonha de falar nem de pedir o que quero. Tenho um amante com quem faço coisas que jamais faria com meu marido. Esse amante sabe do meu desejo por mulheres, das minhas fantasias e me aceita assim, não me repreende, não me julga, simplesmente satisfaz as minhas vontades. Ele é ótimo na cama, mas me sinto mal por isso, pois queria poder agir assim com meu marido e não consigo. Queria sentir por ele o mesmo desejo e ter a cumplicidade que tenho com meu amante, mas tenho medo, porque sei que ele vai me julgar, me repreender.

Não quero me separar, mas não aguento mais essa vida dupla; queria uma vida normal, queria que meu marido fosse como meu amante, queria ter em casa o que busco fora. Por favor, alguém pode me ajudar, me aconselhar? Pois não gosto do que estou fazendo. Mas também sou mulher e quero me sentir desejada, e não apenas usada.

Temos aqui vários problemas. A falta de *eros* entre Pattylene e seu marido talvez seja o mais evidente, e, de fato, quando o desejo se vai de modo tão radical a ponto de haver repulsa física pelo outro, fica difícil acreditar que a relação tenha salvação. Pattylene não informa há quanto tempo não sente desejo pelo marido nem há quanto tempo tem um amante. Aparentemente, a falta de interesse é recíproca, já que seu marido também não a toca (talvez até mesmo por perceber a falta de desejo da esposa).

Não é de espantar, contudo, que o relacionamento seja mantido apenas por possíveis razões pragmáticas, embora a leitora também não forneça detalhes. Por que duas pessoas ficariam juntas, considerando que não apenas não sentem mais desejo uma pela outra, como chegam a sentir repulsa física? Será que o casal tem filhos? A relação é mantida em decorrência do sentimento de segurança que proporciona? É a piedade mútua que os une? Alguma coisa os liga, mas Pattylene não nos diz. Apenas expressa seu desejo de salvar a relação e pede conselhos – os quais, diga-se de passagem, dificilmente ajudariam em alguma coisa. Via de regra, as pessoas buscam preservar os dilemas em que se encontram e respondem com um tradicional "Mas..." a todas as soluções que lhes são apresentadas. Há, de modo bastante comum, um férreo apego ao próprio problema e uma hercúlea resistência a solucioná-lo, e não são conselhos que acabam dando jeito na situação – até porque cada um os dá de acordo com seu próprio prisma moral. Em histórias como as de Pattylene, a solução mais comum é o profundo cansaço, que pode surgir com a vida, com um dos dois se cansando da situação, ou mesmo com um trabalho psicanalítico, no qual a pessoa conta a própria história tantas vezes que termina por se fartar de si mesma e consegue atribuir um novo significado à própria biografia.

Eu disse que o problema mais evidente é a falta de *eros*, mas há outra ausência mais sutil que me chama a atenção nesse caso: a grave falta de *philia*. Pattylene e seu marido não são amigos. Ela não conversa honestamente com ele nem sobre a falta de desejo, nem sobre os desejos homossexuais que alimenta em segredo. Ela é, sob muitos aspectos, uma estranha para o próprio marido. Mais que isso, Pattylene sente medo dele. Imagina-o estabelecendo julgamentos pesados contra ela. O fato de ela provavelmente dizer isso tudo a partir do que conhece dele não muda a constatação de que dificilmente o problema pode ter solução se não há amizade entre as partes.

Pattylene pediu conselhos no Fórum Personare e eles lhe foram dados. Vejamos o que diz Cicera, de 28 anos. Ela escreve um verdadeiro hino a *pragma*:

Se você não quer se separar, é porque ainda sente algo por seu marido. Não deixe que isso acabe, lute por seu casamento, convide seu companheiro para sair, fale e faça com ele tudo o que tem na cabeça, não tenha receio, afinal ele é seu marido. Queria eu ainda amar meu marido, mas não o amo, e isso é ruim. Nada melhor do que ter alguém de quem gostamos por perto. Dê mais uma chance a seu esposo, quem sabe você não se surpreende...

Fora o fato de ela parecer defender a instituição do casamento como superior à verdade dos sentimentos de Pattylene (não seria mais fácil separar e procurar alguém por quem ela sinta atração de verdade?), Cicera dá ao menos um bom conselho, ao sugerir que Pattylene abra o jogo com o marido, ou seja, tente ao menos vê-lo como um amigo com quem é possível conversar francamente. Concordo com Cicera, mas advirto que esse é o tipo de procedimento "tudo ou nada". O marido dela tanto poderia reagir bem à confissão de seus desejos e queixas como poderia se horrorizar e terminar tudo. De uma forma ou de outra, a coisa deixaria de ser um veneno oculto que tudo corrói na surdina, mas apenas se Pattylene contasse ao marido tudo o que escondeu. Honestidade em partes não constrói uma amizade sincera (e cheguei a ler conselhos do tipo "Conte tudo, menos que tem um amante"). Digo isso porque me parece que tais "segredos", ao contrário de incitarem desejo na moça, a fazem se sentir mal e culpada, ou seja, seria mesmo melhor abrir o jogo. O complicado, aqui, é criar expectativas demasiadas. A franqueza poderia (re)construir a amizade (*philia*), mas não necessariamente faria o desejo (*eros*) ressurgir. "Lutar pelo casamento" só faz sentido se a aversão física passar, e posso apostar que nem todo mundo recebe bem a notícia de que é alvo de asco por parte do parceiro.

Evidentemente, dar conselhos é fácil. Todas as respostas à Pattylene argumentaram o mesmo: "Abra o jogo com seu marido". Duvido muito que ela já não tenha recebido esse mesmo conselho de seus amigos fora do mundo virtual. Pattylene persiste em sua história por alguma razão não exposta em seu discurso. Nós só nos mantemos nas situações porque elas nos dão alguma satisfação, ou porque evitamos alguma dor. Se o casamento aparentemente não traz satisfações, qual a dor que está sendo evitada? Podemos supor muitas, e quase todas dizem respeito a *pragma*: insegurança financeira (seria ela dependente do marido?), filhos, medo de recomeçar, medo de ficar sozinha etc. Numa tréplica, ela fala em "falta de coragem", mas novamente não expõe as razões do medo (seria o marido um homem violento?). Ao não expor, afinal, o que a prende a seu marido, Pattylene guarda outro segredo – sua especialidade – das próprias pessoas a quem pede conselhos. No fim das contas, talvez nem ela mesma saiba, o que me faz ressaltar ainda mais a necessidade de um trabalho psicanalítico. Psicanalistas, ao contrário do que muitos pensam, não são "amigos pagos". Amigos dão conselhos; psicanalistas, não. Eles abrem o espaço para que a pessoa possa falar e repetir o que falou até se fartar, caindo em contradição e descobrindo o que nem elas mesmas sabiam.

Por fim, o que mais me chama a atenção é a intensidade erótica de Pattylene. Ela parece não apenas gostar de sexo, mas gostar *muito*, tendo inclusive fantasias bissexuais. Uma mulher assim termina sendo mais feliz quando encontra um(a) parceiro(a) (ou parceiros) igualmente mobilizado(a) pela energia *eros*. Pattylene me parece uma discípula de *eros* que tenta se encaixar num mundo *pragma*. Um peixe fora d'água. A felicidade, aqui, parece depender de ela ter coragem de procurar sua turma.

Proposta de atividade complementar

Assistir ao clássico *A lagoa azul* (1980) é deparar-se com um exemplo e tanto do despertar de *eros*. O filme conta a história de duas crianças, os primos Richard (Christopher Atkins) e Emmeline (Brooke Shields) que, vítimas de um naufrágio, vão parar numa ilha aparentemente abandonada. Eles vivem anos ali e crescem fortes e saudáveis. Passam os dias pescando e nadando juntos, até que o inevitável acontece: ao se tornarem adolescentes, o desejo sexual irrompe com força total. Richard e Emmeline não fazem ideia do que lhes está acontecendo e sentem um misto de medo e raiva por estarem submissos a tão estranho impulso. Até que se rendem a *eros* e fazem sexo.

A mesma vibração incontida e inevitável da submissão ao desejo sexual pode ser vista em *O segredo de Brokeback Moun-*

tain (2005), vencedor do Oscar de melhor direção e melhor roteiro adaptado. Esse filme é sobre dois rapazes, Ennis e Jack, que trabalham juntos pastoreando ovelhas numa montanha distante. Repentinamente, a atração física se manifesta com força total entre eles e a relação sexual acontece. Vivendo numa época e num lugar marcados pelo machismo e pela homofobia, o amor-*eros* ali nada tinha de conveniente. Ennis e Jack se tornam amantes secretos, apesar de ambos serem casados com mulheres, pois não conseguem resistir à força da atração. A química entre eles era tão poderosa que mal conseguiam se encontrar sem terminar fazendo sexo. Trata-se de uma história tipicamente ilustrativa de quanto *eros* nem sempre vem acompanhado de *pragma*. Se, nos dias de hoje e na maioria dos países ocidentais, uma relação homossexual nada tem de estranho, no Wyoming do fim dos anos 1960 esse tipo de história tendia a acabar muito mal. O Cupido, evidentemente, pouco se importa com tais detalhes.

Após assistir a esses filmes e independentemente de sua opinião sobre sexo entre primos ou homossexual, você provavelmente reconhecerá que existem circunstâncias nas quais somos submetidos a uma atração física quase irresistível por outras pessoas. Portanto, reflita:

- Você já sentiu uma tremenda atração física por outra pessoa, mesmo que tal relacionamento não fosse conveniente por diversas razões?
- Já aconteceu de você estar em um relacionamento, mas mesmo assim se sentir sexualmente atraído(a) por outra pes-

soa, de forma tão intensa que isso chegava a perturbar seu juízo?
- Você já se sentiu incomodado(a) por sentir apenas tesão, e nada mais, por alguém?
- Você já fez sexo por sexo alguma vez, sem nenhuma implicação de compromisso futuro ou afeto maior?

A larga maioria das pessoas responderá "sim" a quaisquer das quatro perguntas, o que é mais do que esperado. O amor-*eros*, afinal, perpassa a todos ao menos uma vez.

Ao longo dos últimos capítulos, você deve ter percebido que, por mais distintas que sejam as faces do amor e por mais que você se identifique principalmente com uma, duas ou três e nem tanto com as outras, todas em maior ou menor grau já se manifestaram em você. Dificilmente agem separadas, pela razão óbvia de que a existência é por demais complexa, não admitindo "purezas" e "absolutos". Vidas e relacionamentos puramente baseados em uma única face do amor são tão raros que beiram a ficção (e nem na ficção encontramos situações "puras").

Toda história de amor é, no fim das contas, um arranjo diferenciado que evoca graus distintos de *pragma*, *pathos*, *philia*, *ludus*, *agape* e *eros*. Então, chegou o momento de vermos o que acontece quando esses ingredientes se misturam.

Confira, em www.personare.com.br/os-seis-caminhos-do-amor, sugestões de outros filmes e livros que se referem aos diferentes tipos de amor.

12
FACES DO AMOR EM DESEQUILÍBRIO: COMO AGIR?

Diante do que abordei nos capítulos anteriores, um questionamento muito comum diz respeito ao conceito de equilíbrio: Seria possível alguém apresentar perfeita harmonia entre as seis faces do amor, de modo a não sofrer com as incompletudes decorrentes? Esse me parece um típico questionamento de herança aristotélica, pautado na tese de que a virtude consiste na disposição de escolher não os extremos, mas uma justa medida. Para Aristóteles, a capacidade de se dirigir ao justo meio se desenvolve pelo exercício e objetiva excluir todo excesso e toda escassez. Em *Ética a Nicômaco*, o filósofo esclarece que tal mediação é realizada pela razão. Ou seja, dificilmente o caminho do meio ou a busca pela justa medida seriam atingidos pelos mais jovens, uma vez que sua própria condição física (a explosão hormonal) os torna por demais submissos à paixão (*pathos*) e aos impulsos da atração física (*eros*). De fato, se tentarmos pôr um pouco de razão na cabeça de um jovem apaixonado, perceberemos como essa pode ser uma experiência deveras frustrante.

Não devemos esquecer, contudo, que Aristóteles é um dos maiores expoentes da filosofia grega clássica e, como tal, se encontrava comprometido com ideais de simetria e razão. Já expus sobre a repulsa dos gregos antigos em relação às paixões, buscando controlá-las por dietas e procedimentos terapêuticos. Como bem observa Michel Foucault em *História da sexualidade*, os antigos se esmeraram em desenvolver toda uma *tecnologia para o viver*, e tais técnicas tinham por claro objetivo evitar as paixões. A cultura cristã, de certo modo herdeira da grega, esmerou-se igualmente em desenvolver tais técnicas, embora aceite melhor a ideia de sofrimento, se comparada à Grécia clássica.

Inevitável ponderar: Se a paixão faz parte da vida, neutralizá-la a partir da razão seria *realmente* uma forma de alcançar o equilíbrio? Nesse ponto, os estoicos parecem derrapar. Já falei sobre o estoicismo nos primeiros capítulos: uma escola filosófica que preconizava o "viver de acordo com a natureza". Nietzsche os critica pontualmente: os estoicos se equivocam ao confundir "natureza" com "o que eu acho que a natureza deve ser". Cultuavam a cautela, a economia de energia, a contenção das paixões. A natureza parece ser assim? Não me parece. Já acampei na floresta amazônica por um mês, e posso garantir que a natureza é intensa, selvagem, voraz e extremista.

Nietzsche se dispõe de modo totalmente contrário a tal proposta clássica de viver em função da racionalidade. Em *O crepúsculo dos ídolos*, o filósofo chega a definir de modo bastante contundente a obsessão da filosofia clássica pela racionalidade a todo custo, chamando-a de "tara". Afirma, inclusive, que toda a história da filosofia (e, consequentemente, da civilização ocidental) é pura decadência e doença espiritual, um medo da vida, das paixões e dos instintos que leva a humanidade a querer manter tudo ordenado. Essa submissão à razão e à ordem, para Nietzsche, constitui tamanho medo da vida que não é de estranhar que Sócrates aparentemente nem tenha se importado muito quando descobriu que tinha sido condenado à morte. Para Nietzsche, todo servo da razão tem tanto horror à existência que no fundo deseja morrer. Por isso, em contraposição a Aristóteles, Sócrates, Platão e a todos os clássicos, Nietzsche defendia o chamado *espírito dionisíaco*: paixão, caos, ser o que se é e viver o que se deseja até os extremos, sem preocupação com conceitos como "harmonia", "equilíbrio" ou "ordenação".

Numa síntese bem estreita da obra de Nietzsche, vemos a oposição entre Dionísio e Apolo, respectivamente símbolos da vida e da morte, do caos criativo e da ordenação estagnada. Dionísio seria a força vital, a paixão, o instinto, os impulsos; Apolo, o desejo de ordem, a simetria, a razão e a imobilidade. Dionísio é a selva; Apolo, a arquitetura organizada das cidades. Os filósofos em geral são, para Nietzsche, servos de Apolo: empenhados em encontrar uma explicação racional para tudo, obcecados em tornar tudo ordenado e equilibrado, negando, em decorrência de todo esse empenho, a própria vida como ela é, assimétrica, louca, voraz.

Como, então, proceder? Qual seria o caminho correto? Aquele pretendido pelo admirado Aristóteles, ou o apontado pelo fascinante Nietzsche?

Se você se identificar com o *espírito apolíneo* (típico dos gregos clássicos), vai desejar atingir o equilíbrio, buscando harmonizar os extremos em sua alma. Vai perceber que há determinadas faces do amor mais poderosas que outras em sua vida e tentará estimular as que faltam e refrear as exageradas. Seu objetivo é atingir o que você aprendeu a chamar de "harmonia", porque isso, em tese, tornaria sua vida melhor. O espírito apolíneo valoriza *agape, philia* e *pragma*. Em compensação, Apolo detesta *pathos*, por considerá-lo deveras perturbador, e se dedica com esmero a estudar *eros*, mais do que a vivê-lo. Quanto a *ludus*, o teatro, o jogo e a diversão, autoriza-o apenas em breves momentos, pois prefere a verdade em detrimento da fantasia. O espírito apolíneo vive em função da utopia de uma vida sob controle. E, quanto mais controle há, menos "vida" é. Apolo costuma ser, via de regra, a trilha da filosofia clássica e da maioria das religiões organizadas. Sua especialidade é estabelecer receitas que possibilitem uma existência harmoniosa, a partir de critérios preestabelecidos do que significa "harmonioso": como viver, o que fazer, como proceder.

Em contrapartida, aqueles que se identificam com o *espírito dionisíaco* apreciam a intensidade porque sentem que a vida se manifesta nos extremos. Não temem as paixões nem os sofrimentos decorrentes dos excessos – para eles, é tudo ou nada. Consideram a razão uma forma de recalcar a natureza e apreciam mais os contos e os mitos que a filosofia propriamente dita. Revoltam-se contra a ideia de "equilíbrio", porque a consideram irreal, sem sentido, tediosa. O grande objetivo da vida dionisíaca não é nem de longe a harmonia, e sim sorver a vida até a última gota. O espírito dionisíaco valoriza *pathos*, *eros* (no sentido de *viver* o desejo, não de meramente estudá-lo) e ama profundamente *ludus* e seus teatros trágicos. Dionísio costuma considerar *agape* uma tolice piegas e *pragma* representa apenas uma preocupação com detalhes chatos. A *philia* não chega a ser rejeitada, mas não há muita tolerância para conversas e conselhos mútuos. Dionísio, de fato, aprecia um bom combate e, não raro, estimula as antipatias: ter um inimigo faz parte do jogo que tornaria a vida mais "interessante". Se Apolo é filosófico, Dionísio aponta para a trilha da arte, da literatura, dos mitos, do teatro, da poesia, da boemia. Clarice Lispector, por exemplo, é nitidamente dionisíaca – como geralmente ocorre com poetas e escritores. Uma de suas frases mais famosas demonstra muito bem sua posição. Diz ela: "Até cortar os próprios defeitos pode ser perigoso. Nunca se sabe qual é o defeito que sustenta nosso edifício inteiro".

Haveria um "caminho certo"? Não creio, mesmo apreciando Nietzsche e tendo simpatia pelos dionisíacos. Vejo problemas nas duas trilhas. Se os apolíneos parecem morrer de medo da vida, tentando controlá-la a todo custo com terapias e tecnologias de harmonização, que tanto sucesso fazem na chamada "cultura esotérica da nova era", os dionisíacos se entregam tanto a ela que acabam sofrendo mais. De um lado, temos medo, paralisia, utopia e tentativa de controlar a existência. Do outro, temos paixão, sofrimento, imprudência e inclinação para se deixar levar. Estamos bem servidos, não é mesmo?

Digamos que eu fosse um típico escritor apolíneo de autoajuda. Eu aconselharia você, leitor, a identificar quais faces do amor estão excessivas em sua vida e recomendaria exercícios, práticas que permitissem aprimorar as faces do amor mais fracas. Poderia recomendar meditação, *yoga*, medicina alternativa, medicina convencional (psiquiatria, psicoterapia) e uma infinidade de outras coisas que, em tese, possibilitariam o tal *equilíbrio*. Contudo, tenho muitas dúvidas sobre essa pretensa harmonia. Considerando toda a minha experiência, não acredito ser possível viver uma vida tão utopicamente equilibrada, a não ser de modo temporário. Já ouvi histórias sobre pessoas assim, contudo jamais encontrei uma única delas. Até mesmo os indivíduos mais admiráveis que conheci – entre os quais, por exemplo, um lama tibetano que foi meu professor e era tido como santo – pareciam admiráveis à medida que eram exemplos de compaixão, amizade e racionalidade: *agape*, *philia* e *pragma*. Não posso afirmar com certeza, mas apostaria que lhes faltava paixão e até mesmo desejo (principalmente por conta da idade). Duvido muito desse equilíbrio absoluto. Mas reconheço que há casos em que o desequilíbrio da face do amor é tão intenso que buscar terapêuticas pode ser a diferença entre a vida e a morte. Note, contudo, um detalhe importante: quem determina a necessidade da terapêutica é você e mais ninguém, contanto que você não esteja destruindo os outros no processo, ou impedindo seus direitos. Se você se sente bem vivendo uma vida de puro *pathos* sem *pragma* (ou vice-versa), ou se sua existência é pura satisfação erótica sem compromisso e você é feliz assim, seria muito desaforo sugerir que você precisa mudar para "se tornar uma pessoa melhor". Afinal, "pessoa melhor" a partir de qual ponto de vista? Eis que precisamos conversar um pouco sobre ética e moral.

A ética e a moral

Voltemos a um assunto que abordei no capítulo 9 e que demanda melhor fixação, já que pessoas das mais diferentes orientações culturais e religiosas provavelmente vão ler este livro. Fiz mestrado em filosofia política e ética. A primeira e talvez mais importante coisa que aprendi foi o filósofo francês Gilles Deleuze (1925-1995) quem me ensinou: moral e ética não são a mesma coisa.

A moral refere-se a um conjunto de valores e interditos estabelecidos por determinadas culturas em épocas específicas, e eles variam muito. A moral dita os costumes e o que é certo ou errado, legalmente falando. Por exemplo: relações homossexuais não são morais no Egito, constituindo crime. No Brasil, não são ilegais, mas são consideradas imorais por diversas correntes religiosas. Na Holanda, não costumam receber julgamento moral. Outro exemplo: mulheres sem véu no Afeganistão são tidas como imorais. No Brasil, não. Um homem pode se casar com quatro mulheres no Oriente Médio, sendo isso considerado um ato de generosidade. No Brasil, seria crime.

A ética está além da moral, envolve mais pensar do que simplesmente obedecer. As duas coisas podem coexistir ou até mesmo entrar em antagonismo. É ético e moral em nosso país, por exemplo, não roubar. Há, contudo, coisas que são antiéticas, mas não são imorais (ou ilegais). E há atos profundamente éticos, mas que são considerados ilegais. Você mesmo pode fazer um exercício mental e descobrir várias coisas "legalmente corretas", mas eticamente erradas. Descobrirá que há coisas profundamente éticas, ainda que imorais dentro de determinado contexto. Como bem diz Maria Luiza Quaresma Tonelli, advogada e mestra em filosofia pela USP, "Agir de forma estritamente moral exige apenas certo grau de obediência; agir eticamente exige pensamento crítico".

O perigo do pensamento apolíneo é que ele tende a ser demasiadamente moral, seguindo preceitos aprioristicos de como se deve viver a vida. O conceito aprioristico é algo dado antes mesmo de nascermos. A sociedade diz que devemos ser mais de um jeito que de outro. Se você nasceu numa cultura muçulmana ou frequenta a maçonaria, aprendeu que "viver em harmonia" é cultivar *pragma* e refrear *pathos*. Se nasceu na cultura cristã, aprendeu que o "equilíbrio" lhe é garantido ao cultivar *agape*. Mas tudo isso é moral, pois segue os costumes de uma dada tradição, e nem sempre as determinações de equilíbrio preestabelecidas falarão à sua ética.

Em contrapartida, não vivemos sozinhos, e sim em sociedade. Para haver um mínimo de civilização, é preciso que existam interditos, limites. A ausência absoluta de culpa só está presente em psicopatas. Viver apenas o que se é e fazer apenas o que se quer não parece condizente com a vida em sociedade. Não é à toa que a maioria dos dionisíacos pertence ao meio artístico: a trilha de Dionísio só parece funcionar bem, sem machucar ninguém, no plano das artes e da ficção. Já pensou num filme ou livro em que os personagens vivem o tempo todo em perfeita harmonia? Nem dá vontade de assistir ou de ler. O que fascina no mundo ficcional é a possibilidade de vislumbrar estereótipos, personalidades extremas, situações intensas. É o que gera emoção, nos fazendo chorar, rir, sentir raiva. Talvez seja por isso que gostamos tanto de novelas, filmes, contos. São válvulas de escape em um mundo que nos convida o tempo todo a ser "mais equilibrados".

Qual a medida?

A medida, acredito, não pode ser simplesmente "o que me faz feliz". Um psicopata se sente feliz maltratando os outros, e isso não me parece nada correto. Também não acho que um imperativo categórico moral funcione. Devemos seguir trilhas apolíneas e tentar equilibrar as faces do amor, ou ser dionisíacos, chutando o pau da barraca e sendo o que somos até nos cansarmos de nós mesmos?

O que acredito é que é possível, sim, *reduzir os danos dos extremismos*, tomando consciência do que está fraco ou excessivo, de modo a tornar as coisas menos danosas. Reduzir danos é diferente de apostar na utopia da harmonia absoluta. Ouso dizer que há algo bastante doentio em tamanho apego a ideologias de higienização do espírito. Nesse sentido, me inclino a concordar com Nietzsche, embora admita que não o considero um exemplo a ser seguido – ele sofreu demais, e eu, como bom herdeiro da cultura apolínea, detesto sofrimento, só o apreciando em filmes e livros. Mas posso apostar que nem o próprio Nietzsche quis em algum momento "servir de exemplo". Tais pretensões exemplares são apolíneas, não dionisíacas. É o apolíneo quem diz "Faça como fulano", "Siga o exemplo de beltrano" e será feliz. Quase todo cristão dedicado tenta imitar Cristo. Quase ninguém consegue. É muito difícil corresponder a ideais.

O dionisíaco diria: "Seja o que é, em profunda intensidade, até que você se canse de si e permita que as diferentes faces do amor diminuam ou aumentem naturalmente ao longo de sua existência terrestre. Se você está na fase da paixão, apaixone-se, sofra, ria e chore em profusão, até que isso se esgote em seu ser. Se é a amizade que lhe importa, permita-se a isso e não se culpe por não ser tão 'sexuado'. Quer jogar tudo para cima e se dedicar a ajudar os desvalidos, ao estilo de são Francisco de Assis? Que assim seja, você não tem de ser como todo mundo".

Enquanto os apolíneos pretendem (mesmo sem ter muita consciência disso) a uniformidade, os dionisíacos valorizam a diferença extrema. Valorizam um mundo em que tais diferenças se choquem, produzindo conflito, pois é dele que brota toda a criatividade.

Na trilha de Dionísio, todavia, nos deparamos com um sério problema. Como você, leitor, deve ter visto nos casos expostos aqui, extraídos do Fórum Personare, as pessoas não costumam se cansar de seus extremos. Passam anos a fio vivendo em extremos perigosos, paralisantes, sofrendo muito. Não seria nada legal da minha parte dizer a elas: "Continuem vivendo assim; essa é a sua natureza, um dia vocês mudam". De todo modo, a maioria das situações de sofrimento exposta neste livro mostra um fato interessante, corroborando a tese de John Lee: não são as faces do amor em maior ou menor grau que causam sofrimento, mas quando as pessoas tentam encaixá-las na vida de quem vibra em outra frequência.

A moça é puro *pathos*, mas deseja viver tal sentimento com um homem *pragma*, casado, incapaz de se divorciar por ser muito responsável. O cara valoriza *eros* e adora uma mulher gostosa, mas sua esposa se acomoda depois do casamento e assume um comportamento *agape*, passando a cuidar dele como sua mãe, tirando-lhe assim o desejo. A menina ama a partir do espectro da *philia* e valoriza conversas, intelectualidade, diálogo, mas força esse movimento num rapaz intensamente *ludus* e *eros*, cuja vida é dedicada a "pegar geral" e inventar mentiras sedutoras. Acreditem: esses opostos não se harmonizam. Apenas se desgastam, quase ao ponto do adoecimento mútuo. Quando esses seres tão diferentes se encontram, se sentem mal, inadequados, acham que estão fazendo algo de errado. Julgam-se mutuamente. É como tentar encaixar uma bola em um recipiente cúbico: até entra, mas não preenche tudo.

No que diz respeito às faces do amor, parece funcionar a máxima homeopática: *semelhante cura semelhante*. Dois indivíduos muito *philia* vão encontrar não só aconchego mútuo, como vão aperfeiçoar a força da amizade um no outro a partir de seus interesses intelectuais. Um casal *agape* se dedicará em conjunto a atividades assistenciais e se amará mais e mais por isso. Uma dupla predominantemente *eros* transará muito, experimentando a felicidade decorrente do sentimento de adequação. Evidentemente, a qualidade amorosa do parceiro pode mudar com o tempo, e o que era *eros* pode se tornar *philia*. O casal permanecerá junto se ambos se tornarem uníssono. Se um mudar e o outro não, bem... É "até que a morte os separe", não é mesmo? E a "morte" pode não se referir ao fim do corpo físico. Há também as mortes simbólicas, as transformações pelas quais passamos ao longo de nossa existência. Viver demanda desapego e entendimento de que, quando algo para de funcionar, pode ser que a solução seja desistir, entregar, se permitir (e ao outro também) novos encontros.

Talvez isto que ora descrevo seja o cruzamento do caminho de Apolo com o de Dionísio: ao vivermos nossos extremos com nossos semelhantes, curiosamente nos harmonizamos. Mas se trata de uma *harmonia dinâmica*, não estática, e elaborada a partir do respeito à singularidade. Se a paixão e/ou o erotismo são as faces do amor mais poderosas em você, busque alguém que esteja na mesma vibração. Se valoriza mais o lado espiritual da vida e/ou a amizade, frequente lugares e busque pessoas que estejam em consonância com essas faces do amor. A própria vida e o tempo fizeram brotar em sua alma outras faces até então adormecidas? Explore isso. *Viva conforme a verdade de sua natureza e encontre seus semelhantes, mas respeite os diferentes*. Esse seria o único conselho que eu me atreveria a dar, até para que você se angustie menos com o fato de existirem faltas em sua personalidade.

Saiba, porém, que tal estilo de vida é a contramão de quase tudo que se apregoa em nossa civilização. Nós (eu inclusive) somos herdeiros dos gregos, vivemos em uma cultura que valoriza a razão. Ser verdadeiro consigo mesmo e sustentar sua face do amor sem se sentir na obrigação de corresponder a um ideal de completude ou a uma moral de rebanho é um desafio muito maior que qualquer outra coisa. Trata-se de uma luta constante, diária!

Forçando a barra

Vale destacar outro ponto: algumas coisas, se forçadas, ficam apenas artificiais, fingidas. Comentei brevemente sobre isso. *Ludus*, o amor que joga, a sedução, o charme e a etiqueta da conquista, pode até ser uma face do amor estimulada, aprendida, e o que não faltam são livros e cursos sobre como fazer isso. A maioria dos livros de autoajuda centrados em relacionamentos são na verdade "manuais de *ludus*". Por exemplo, se eu viajo para a Turquia e aprendo a dizer "Iyi aksamlar" (boa tarde) apenas para ser simpático com a população local, isso não deixa de ser uma ação cortês típica de *ludus*. O objetivo não é sexual, mas tem clara intenção de conquistar os outros. Todas as vezes em que você estuda seu comportamento social com o intuito de agradar aos outros e atrair admiração em graus variados, exercita *ludus*. Trata-se de uma face do amor que pode ser treinada, e é bastante conveniente sob diversos aspectos, não apenas para conquistas amorosas, mas também para a própria sobrevivência social. Você pode fazer cursos de etiqueta, ler manuais de sedução, aprender uma dança da moda, cuidar da aparência, frequentar um *workshop* que estimule sua capacidade de comunicação e interatividade etc. Há um sem-fim de coisas a fazer quando se deseja aumentar a capacidade sedutora.

Pragma é outra face do amor passível de ser aprendida, embora a maioria de nós a desenvolva melhor com o tempo e a experiência. Nossos primeiros amores não costumam ser razoáveis, e tampouco somos muito convenientes em nossa forma de viver tais afetos – mesmo quando correspondidos – se somos muito jovens. São as bordoadas da vida que nos fazem mais práticos, e, ademais, você acha justo tirar do jovem a capacidade de aprender por si só? O processo do aprendizado é tão ou mais importante que o aprendizado em si.

Pathos, a paixão, por outro lado, raramente é estimulado, embora seja cantado em verso e prosa. Nossa sociedade parece mais preocupada com a ideia de contê-lo. Afinal, como se estimula uma paixão? Os jogos sedutores de *ludus* podem até funcionar em alguns momentos, mas não creio que seja possível tornar alguém "mais *pathos*", a não ser que a pessoa use drogas, o que, convenhamos, não é exatamente algo capaz de causar efeito duradouro em quem anda "desapaixonado". E o que dizer de *agape*? Como tornar alguém mais compassivo e altruísta? Mandando-a fazer trabalhos voluntários? Mas, se a pessoa foi "mandada", não é voluntário! Se a ela *quer* mudar, eu diria que já é meio caminho andado. Mas e se achar tudo isso uma tolice? Então, não há muito o que fazer. Nem todos têm de ser *agape*.

Assim sendo, fora o fato de eu concordar que os excessos trazem sofrimento, não concordo em evitar a dor e forçar as pessoas a buscar outras coisas que não aquilo que já trazem como verdadeiro em si mesmas. Tal procedimento me parece bastante neurótico e frustrante. O indivíduo fica por demais preocupado com o que *não tem* (ou tem pouco), em vez de valorizar e viver bem o que efetivamente tem à sua disposição. Acredito na possibilidade de mudança desencadeada pela própria vida. Se você tiver de se tornar menos *pathos* com o tempo, assim será. Se pretende viver a existência em função do amor--*agape*, ótimo também. É preciso permitir que o amor se mostre livremente em todas as suas faces, sem uniformidades. É preciso diversidade neste mundo já tão repleto de absolutismos e utopias tirânicas, tão saturado de tanta filosofia, de tanta "razão". Chegou a hora do teatro da vida, com todos os seus intensos e extremos personagens. Mas, se não quiser que sua história seja uma tragédia ou uma comédia, busque seus semelhantes e respeite os diferentes.

Seja lá o que você possa e *queira* oferecer, sinta-se bem-vindo. Se porventura vier a sofrer no caminho, não se preocupe, pois isso significa que você está vivo. Não sofrer é muito simples e também muito triste: basta nunca ter nascido. Mas, se doer *demais*, talvez isso ocorra porque você não encontrou um parceiro que o ajude a polir a face específica do amor que lhe interessa. Lembre-se, então: *semelhante cura semelhante*. Mergulhe em sua face do amor bem acompanhado e não queira ser tudo. A única entidade a quem é permitido ter todas as faces do amor é o planeta Terra, na forma de seus muitos habitantes que, juntos, compõem a *anima mundi* (alma do mundo). E mesmo a Terra, até o momento, é única no universo.

Parte 3

ASTROLOGIA DO **AMOR**

13
A ANATOMIA SIMBÓLICA DA NATUREZA

> Duas coisas me deixam maravilhado:
> o céu estrelado acima de mim
> e a lei moral dentro de mim.
> *Immanuel Kant, filósofo prussiano*

Além das seis faces estruturadas por John Lee em seu esquema psicológico, podemos pensar o amor a partir de outros tipos de estrutura, sistemas de conhecimento muito anteriores à psicologia. Refiro-me, por exemplo, à astrologia, cujo corpo conceitual chegou a ser considerado ciência pelos antigos. Se, hoje em dia, a astrologia não é mais vista assim (pelo menos não no sentido contemporâneo que o termo assume), e se nem todos creem nela, isso não muda o fato de que foi um dos primeiros movimentos intelectuais a propor um entendimento das singularidades do comportamento humano e, como tal, influencia até hoje a construção de nosso conhecimento. A astrologia é, sob diversos aspectos, uma pré-psicologia, e seu estudo serviu de inspiração para muitos. Impossível não perceber, por exemplo, a direta relação entre as funções psíquicas junguianas (intuição, sensação, pensamento e sentimento) e os quatro elementos astrológicos (fogo, terra, ar e água).

Se a astrologia é ou não "verdadeira" no sentido científico, não nos cabe discutir aqui. Como salientei nos primeiros capítulos, nem sequer é necessário que você acredite nela para acompanhar minha exposição. Apenas espero que tenha o mínimo de curiosidade para compreender a forma como os antigos viam o mundo e constate que acreditar ou duvidar não muda a beleza do sistema.

A estrutura simbólica do universo

Antes de falar em astrologia, é preciso remontar aos primeiros filósofos, chamados *milésios*: Tales de Mileto (cerca de 624--545 a.C.), Anaximandro (cerca de 610-547 a.C.) e Anaxímenes (cerca de 596-525 a.C.). Esses primeiros pensadores da filosofia ocidental tinham por objetivo descobrir a *arché*, termo grego utilizado para se referir a um princípio primordial do qual derivam todas as coisas do mundo. Cada um deles defendeu a origem de todas as coisas como sendo um elemento específico: para Tales, seria a água; para Anaxímenes, o ar; para Anaximandro, a origem seria não um elemento material, mas o infinito (chamado por ele de *ápeiron*). Note que nenhum dos três recorria a mitos para sustentar suas ideias nem se ancorava em supostas verdades reveladas, próprias das teologias. Valiam-se do pensamento racional e, por isso, foram chamados de "os primeiros filósofos".

Quem nos interessa aqui é Anaximandro, que sustentava ser o infinito o princípio de todos os outros elementos (água, fogo, terra e ar). Chamando esse infinito de *ápeiron* (literalmente "sem limite"), o filósofo se referia a uma força indistinta, caótica, que se dividiu sucessivamente até gerar o mundo que conhecemos. Poderíamos traçar uma analogia entre o *ápeiron* de Anaximandro e a teoria do Big Bang, embora seja importante salientar que não são exatamente a mesma coisa, apenas se parecem. Contemporaneamente, podemos dizer que os quatro elementos representam melhor *estados da matéria* que *elementos materiais* em si. Sabemos que são mais de cem os elementos que compõem o universo: hidrogênio, ouro, lítio, carbono, hélio, oxigênio etc. Entretanto, isso não muda o fato de que tudo na natureza parece existir num dos quatro estados elencados a seguir:

1. **O estado sólido,** no qual a coesão é máxima, representado pelo elemento terra.
2. **O estado líquido,** de menor coesão e maior fluidez, representado pelo elemento água.
3. **O estado gasoso,** no qual a coesão é mínima, representado pelo elemento ar.
4. **O estado plasmático,** ou "matéria radiante", representado pelo elemento fogo.

Podemos dizer também que são quatro as necessidades fundamentais do ser humano e da maioria dos animais. Se um deles for retirado, a vida se inviabiliza:*

1. alimento (proveniente da terra);
2. água;
3. ar;
4. calor e luz (provenientes do Sol).

Por fim, o nosso próprio planeta se manifesta por meio dos quatro elementos:

1. a litosfera (parte continental) seria o elemento terra;
2. os oceanos, rios e lagos seriam o elemento água;
3. a atmosfera, o elemento ar;
4. o centro incandescente, o fogo.

Muitos e muitos séculos depois dos milésios surgiu Cornelius Agrippa (1486-1535), filósofo alemão cuja vida foi totalmente dedicada ao estudo da teologia, da alquimia e da astrologia. Sua tese central, muito aceita na Idade Média e no Renascimento, é a de que o homem é um cosmo em miniatura, um microcosmo. Sendo assim, seria possível acessar os códigos cósmicos a partir do homem, e o contrário seria igualmente válido. Co-

---

* Mais propriamente, a vida humana e grande parte da vida pluricelular como a conhecemos. Um tipo específico de bactérias, os chamados organismos extremófilos, contudo, não dependem necessariamente desses elementos. Bactérias anaeróbicas, por exemplo, não dependem do ar.

nhecendo os símbolos astrais, desvendaríamos o ser. Na obra *Diálogo sobre o homem*, Agrippa escreve:

> De fato, o homem está em relação com todas as estrelas e os planetas. Nele estão presentes a estabilidade e a imutabilidade de intenções de Saturno; a clemência, a justiça e a realeza de Júpiter; a constância e a firmeza de ânimo de Marte; do Sol, o lume, a razão, o juízo que distingue o justo do injusto, a luz que purifica das trevas da ignorância; de Vênus, o amor e o desejo de crescimento e da própria multiplicação; de Mercúrio, a inteligência, a acuidade de engenho, o discurso racional, a pronta vivacidade dos sentidos; da Lua, o voltar-se para as coisas terrenas para conservar a vida e a capacidade de desenvolver o crescimento em si e nas outras coisas.

Curiosamente, apesar de ser considerada um "conhecimento místico", a astrologia deriva de uma abordagem naturalista da existência. O naturalismo surge com os primeiros filósofos gregos e é retomado por vários outros que vieram muito depois, como o italiano Bernardino Telésio (1509-1589). Para os naturalistas, nada existe fora da natureza, nem o próprio Deus (como criador separado de sua criatura), mas é ele mesmo a própria natureza. Investigar o universo, portanto, não implicaria evocar princípios transcendentes, nem partir de convicções metafísicas previamente formadas. A astrologia teria se desenvolvido a partir da observação empírica, e não de uma revelação celestial. Os astrólogos observaram por milhares de anos supostas relações entre o comportamento humano e as posições planetárias e, a partir daí, construíram um corpo de conhecimento organizado ao qual damos o nome de astrologia.

Teoria humoral, funções psíquicas, chacras: analogia entre sistemas de interpretação do mundo

Para a astrologia, cada um de nós teria, em nossa constituição, uma distribuição diferenciada dos quatro elementos, e esse desequilíbrio dinâmico daria lugar às singularidades comportamentais dos seres. Algumas pessoas seriam, por assim dizer, mais "fogo", enquanto outras seriam mais "água", e assim por diante. A maioria das pessoas manifestaria uma interação entre dois ou três elementos, com pelo menos um sendo deficitário, ou, como preferem os junguianos, a "função inferior" ou "sombra". Essa função inferior costuma se manifestar na forma de atos falhos, chistes, ou pode ainda ser projetada em nosso parceiro amoroso, como defeitos insuportáveis na outra pessoa. Como isso funciona vai ficar mais claro nos próximos capítulos.

Para a astrologia e a medicina antigas (entre os séculos IV e XVII), muito antes de Jung definir seus tipos, a vida seria resultante da manifestação e da interação de quatro humores: sangue, fleuma, bile amarela e bile negra. Cada indivíduo teria um temperamento de acordo com a alquimia de seu organismo. Ainda que tal concepção médica tenha sido ultrapassada e a medicina não encare o homem desse jeito, diversos sistemas psicológicos se apropriaram dessa classificação tradicional. Não apenas o psiquiatra suíço Carl Gustav Jung (1875-1961) se baseou nos temperamentos para definir as funções psíquicas. Antes dele, o médico William Marston (1893-1947) criou o sistema

DISC (*dominance, influence, steadiness, caution*), baseado em modelos comportamentais. O psicólogo David Keirsey se inspirou diretamente em Hipócrates e Platão para criar o KTS (*Keirsey Temperament Sorter*), uma adaptação contemporânea dos quatro elementos.

O zodíaco astrológico, dividido em doze signos, seria uma manifestação desses quatro elementos distribuídos equitativamente ao longo do círculo: temos três signos de fogo, três de água, três de terra e três de ar. Do mesmo modo que podemos interpretar o amor a partir do sistema das seis faces, podemos considerá-lo a partir dos quatro elementos. Cada cultura tende a organizar uma interpretação para a vida baseada em sistemas numéricos e classificações. Os chineses, por exemplo, tendem a pensar o mundo em termos de *yin e yang*, ou a partir de cinco elementos. A cultura védica, por sua vez, nos fala em sete centros de força, chamados *chacras*, gestores da nossa vida. Longe de pretender discutir qual dos sistemas é o "mais verdadeiro", o que me fascina é constatar a inclinação humana, aparentemente constante em todas as culturas, para dividir a natureza em conjuntos. Ainda que tais organizações simbólicas sejam distintas entre as culturas, é possível traçar analogias entre elas.

As seis faces do amor e a estrela de Davi

A imagem a seguir provavelmente é familiar para muitos leitores. Trata-se da estrela de Davi, também conhecida como escudo supremo de Davi ou selo de Salomão. Segundo a tradição judaica, esse símbolo se encontrava cravado nos escudos dos guerreiros do exército do rei Davi. A identificação oficial do símbolo com a cultura judaica teve início na Idade Média, ainda que tenham sido encontrados vestígios desse símbolo em artefatos judeus desde a Era do Bronze (século IV a.C.). Há várias formas de interpretar a estrela de Davi. Alguns argumentam que ela revela Deus (o triângulo superior) em harmonia com o ser humano (o triângulo inferior). Outros sugerem a interação entre o masculino (força ativa) e o feminino (força passiva).

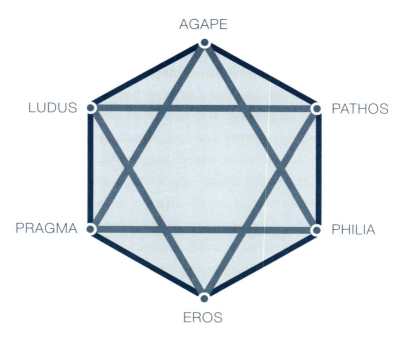

A estrela de seis pontas é formada por dois triângulos equiláteros. Cada ponta corresponde a uma face do amor. Com exceção daquelas absolutamente opostas, as faces podem se ligar.

Podemos dizer também que o triângulo superior representa as três faces mais "sublimes" do amor (*agape, philia, pragma*) e, por sua vez, o inferior representa as três faces mais "terrenas" (*eros, ludus, pathos*). O triângulo inferior representa o "amor energia" (as paixões, o tesão, a sedução), e o superior representa o "amor consciência" (a amizade, a conveniência, a compaixão).

Observe que, no hexágono e na estrela, todas as faces interagem, exceto as absolutamente opostas. Como expliquei antes, as faces opostas reunidas não fariam sentido, pois se aniquilam mutuamente – como alguém poderia ser desprendido (*agape*) e ao mesmo tempo preocupado com a satisfação pessoal (*eros*)? A intensificação de uma face equivale à diminuição de sua respectiva oposta. As oposições, para ser reunidas, precisariam da interseção de todas as outras, como podemos ver no desenho a seguir:

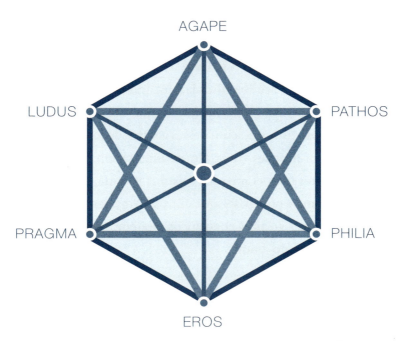

As faces opostas se cruzam no centro do hexagrama. A intensificação de uma face impacta sua respectiva oposta.

Aquele que realizasse tal reunião seria "iluminado" e se tornaria um sétimo ponto do símbolo, mas não faria mais parte deste mundo. Há também outra interpretação, menos metafísica: essa reunião das faces opostas se daria no contexto do planeta, e cada grupo de humanos representaria uma das pontas do hexagrama. Em seu centro, estaria o planeta Terra. Essa é a essência de um dos ensinamentos mais recorrentes de Jung: ninguém pode ser completo neste mundo, mas o mundo em si o é.

As seis faces do amor e os chacras

As analogias possíveis são incontáveis. É possível, por exemplo, fazermos uma analogia entre as faces do amor e os chacras da cultura oriental. A palavra "chakra" vem do sânscrito e significa "roda", sendo utilizada para designar redemoinhos energéticos que, segundo a cultura védica, todos nós possuímos em nossa aura. Cada um desses centros de força seria responsável por funções vitais. Normalmente, em decorrência dos diferentes temperamentos e estilos de vida, alguns chacras seriam mais poderosos que outros. Considerando os significados desses vórtices energéticos, podemos associá-los às diferentes faces do amor.

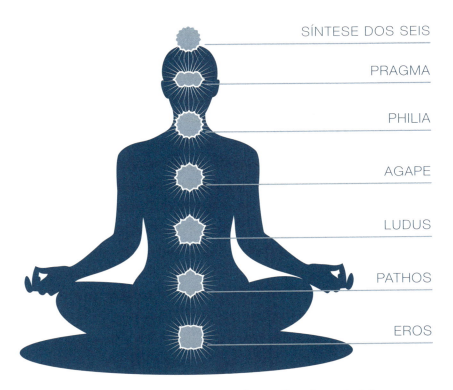

Analogia entre as faces do amor e os chacras da cultura oriental

O primeiro chacra, chamado *muladhara*, significa "base" e tem evidente correlação com a mais basal das forças do amor: *eros*. É responsável não apenas pelo prazer corporal, mas também pela força criativa de cada um. Sua disfunção traria o pior de *eros*: egoísmo, preocupação em satisfazer apenas os próprios desejos sexuais sem consideração pelo próximo, animalidade.

O segundo chacra, *swadhistana*, significa "morada do prazer" e se relaciona com a força apaixonada de *pathos*. Sua estimulação adequada traria energização, alegria, tesão pela vida, desejo, apetite. Sua disfunção nos apresenta aos lados mais negativos de *pathos*: ciúme, oscilação de humor, confusão emocional.

O terceiro, *manipura*, significa "morada das joias" e pode ser associado à face *ludus* do amor. A boa energização desse centro tem relação com a capacidade de sentir prazer, se divertir, e é responsável pelo bom humor. O exagero desse vórtice energético incorreria em problemas clássicos de *ludus*: manipulação excessiva decorrente da insegurança e de baixa autoestima.

O chacra cardíaco é chamado de *anahata* pela cultura védica, termo que significa "invicto". Está associado à face *agape* e, como tal, corresponde à capacidade de altruísmo, doação e compaixão. Problemas associados a esse centro dizem respeito ao esgotamento sacrificial, problemas cardíacos e extrema vulnerabilidade.

O centro na região da garganta é chamado de *vishuddha*, nome que, em sânscrito, significa "o purificador". Podemos associá-lo a *philia*, uma vez que suas funções dizem respeito à capacidade de comunicação, amizade, lealdade, sendo o chacra da honestidade. Sua disfunção acarretaria conflitos psicológicos, dificuldade de entendimento, falta de discernimento e problemas no processo de comunicação com outros seres.

Já o chacra localizado no terceiro olho, chamado *ajna*, ou "centro de comando", associa-se à face *pragma*. Sua "clarividência" própria se refere a algo muito mais importante que a suposta capacidade de enxergar o mundo espiritual. "Clarividência" significa literalmente *visão clara*, e os pragmáticos têm o poder de enxergar as coisas com nitidez e justeza e, consequentemente, enxergam as consequências futuras e o que ninguém consegue ver. Sua disfunção tem a ver com problemas de segurança, medo, falta de senso e de discernimento.

Por fim, o chacra coronal, denominado *sahasrara* pelos védicos, significa "a lótus de mil pétalas" e é o centro energético que busca sintetizar, reunir e integrar todas as outras forças vitais do organismo. Seu bom funcionamento abre a consciência para a inteireza das coisas e permite uma percepção ampliada. Sua disfunção, em contrapartida, incorreria em confusão total, dificuldade para compreender as coisas, perda de sentido e ilusão de isolamento em relação aos outros seres do mundo.

Diversos sistemas terapêuticos têm por objetivo harmonizar, alinhar e ativar os chacras. Reiki, acupuntura, *yoga*, meditação, cromoterapia, cristaloterapia e outras práticas de medicina alternativa visam proporcionar tratamento sobre tais centros de força. De acordo com o pensamento analógico, cada chacra estaria associado a uma nota musical, a uma cor, e teria um *bijam* (espécie de mantra curto) associado.

As seis faces do amor e a astrologia

Conforme expus, é possível cruzar o sistema astrológico com as faces do amor de John Lee, observando a descrição dos temperamentos de acordo com cada elemento e até mesmo fazendo um exercício matemático combinatório seguindo algumas regras. Se fizermos todas as combinações possíveis das faces do amor, considerando que as opostas não podem coexistir, pois se cancelam (*pathos* + *pragma*, por exemplo, são mutuamente excludentes), chegaremos a doze. Observe que estou eliminando, obviamente, as repetições: *ludus* + *eros* é o mesmo que *eros* + *ludus*. Também não faz sentido combinar duas vezes a mesma face (*pragma* + *pragma*). Teríamos, então, como resultado:

Pathos + Ludus = **Áries**
Eros + Pragma = **Touro**
Eros + Ludus = **Gêmeos**
Pragma + Ludus = **Câncer**
Agape + Ludus = **Leão**
Agape + Pragma = **Virgem**
Pathos + Philia = **Libra**
Eros + Pathos = **Escorpião**
Eros + Philia = **Sagitário**
Pragma + Philia = **Capricórnio**
Agape + Philia = **Aquário**
Agape + Pathos = **Peixes**

Alguns detalhes são interessantes nesse sistema em que cada signo dispõe de duas faces do amor: os signos opostos sempre partilham de uma face em comum, mas a outra é sempre disposta em oposição. Tomemos como exemplo o eixo de signos opostos áries-libra: ambos partilham *pathos*, mas a outra face de cada um é diametralmente oposta (*ludus* e *philia*). O mesmo ocorre em todos os pares de signos opostos. O que isso representa? Imagine uma moeda com suas duas faces, cara e coroa.

Podemos dizer que os signos opostos são de certa forma uma mesma moeda (pois partilham uma mesma qualidade amorosa), mas ao mesmo tempo representam faces opostas.

Observa-se também que na primeira metade do zodíaco, na qual as forças estão em seu início, há predominância das faces do amor consideradas mais "juvenis". Já a segunda metade, na qual as forças atingem a maturação, apresenta predominância das faces mais "maduras".

Um astrólogo, ao realizar seu diagnóstico, consideraria vários fatores, o de maior destaque seria a posição do planeta Vênus no mapa astrológico de nascimento, uma vez que essa esfera simboliza os afetos. Mas apenas isso não bastaria. Seria preciso estudar a dinâmica do mapa como um todo, avaliando a predominância de signos, de acordo com as disposições astrais do Sol, da Lua, de Mercúrio, Marte, Júpiter, Saturno e do ascendente. A partir dessas informações, seria possível "medir" qual a face do amor estrutural do sujeito. Observe, portanto, que um astrólogo jamais estabeleceria seu diagnóstico a partir exclusivamente do signo solar. O fato de você ter nascido, por exemplo, no dia quinze de dezembro não implicaria ser, necessariamente, uma combinação de *eros* e *philia* por conta do signo de sagitário. A eventual predominância de elemento terra em outros pontos importantes de seu mapa faria com que *pragma* predominasse em seu temperamento.

A coisa toda fica ainda mais complicada se considerarmos os chamados *aspectos angulares* presentes no mapa. Para um astrólogo moderno, eventuais interações existentes entre os planetas Vênus e Netuno representariam uma poderosa marca *agape* no sujeito. Se Saturno ascende no momento do nascimento, *pragma* se converte em um elemento poderoso. Como você pode ver, a astrologia não é um sistema simples. Você talvez não acredite nela e não veja o menor sentido em supostas relações entre posições planetárias e comportamento humano, mas não pode cometer o erro de pensar que ela é aquilo que você vê em horóscopos de jornal, os quais reduzem tudo a signos solares. Em contrapartida, se você gosta de astrologia ou mesmo a estuda, já dispõe de elementos suficientes para brincar um pouquinho, avaliando as faces do amor a partir de dados astrológicos.

Compreendendo a riqueza da vida

A astrologia não parece objetivar simplesmente estabelecer classificações, dividindo as pessoas em grupos. No pensamento astrológico original, considera-se que as pessoas possuem todos os signos dentro de si, o que implica termos os quatro elementos e as seis faces do amor presentes em nossa existência. Todo mundo em algum momento da vida manifesta motivações *pragma*, por exemplo. Mesmo a mais "aquática" das criaturas tem seus rompantes de elemento fogo. Somos levados a ver, nessas tipologias esotéricas, mais uma tentativa de explicar o fenômeno humano do que diagnosticar pessoas. Os antigos falavam em quatro temperamentos (melancólico, colérico, fleumático, sanguíneo), certamente relacionados aos quatro elementos. Esses elementos simbólicos serviram também de matriz para que Jung elaborasse sua tipologia de funções psíquicas: pensamento (ar), sentimento (água), sensação (terra) e intuição (fogo). Sendo a astrologia um sistema simbólico, ela tenta demonstrar em sua estrutura os padrões passíveis de ser reconhecidos a partir de qualquer outro sistema.

O fato de as pessoas aparentemente se inclinarem a certos conjuntos classificatórios de acordo com seu temperamento é uma das preocupações mais ancestrais da medicina. Se hoje em dia há estudos que buscam justificar tais classificações a partir de elementos microscópicos (genes), no passado os diagnósticos se pautavam em elementos macroscópicos (astros). Portanto, temos duas maneiras de abordar tudo o que estudamos até o presente momento: podemos dizer que aprendemos formas curiosas de classificar a nós mesmos e a quem conhecemos e nos limitar a isso; ou podemos tomar o que aprendemos como material que nos permite refletir sobre a vida e o comportamento humano, aprendendo uma das mais difíceis lições: *as pessoas são diferentes*.

Na primeira abordagem, todo o conteúdo deste livro é utilizado como distração que faz muito sucesso em festas, e podemos sair por aí dizendo: "Descobri que sou muito *ludus*!", ou "Sabe o que acontece? Minha namorada vê tudo pela função sentimento, é muito elemento água!", ou discursos mais do que comuns, do tipo: "Ah, isso é do seu ascendente em gêmeos". Tudo bem se for assim. Mas ficaria contente em saber que você foi além disso e alcançou a segunda abordagem. Nela, não nos limitamos a tentar classificar as pessoas ou a nós mesmos. Aprendemos a lidar com as diferenças, e isso torna o mundo um lugar bem mais agradável de viver.

Muito tempo atrás, numa escola de astrologia, ouvi uma conversa curiosa. Um senhor tinha passado na escola para apanhar sua esposa, que estudava ali. Não pude deixar de prestar atenção no diálogo que ele entabulou com a secretária:

– Não acredito em nada disso, sabe? Mas tenho que admitir que salvou meu casamento.
– Como assim? – perguntou a secretária.
– Minha mulher se tornou uma pessoa melhor depois de estudar astrologia. Ela parece ter ficado mais compreensiva com as diferenças entre nós e também entre ela e outras pessoas. Antes, queria tudo do jeito dela. Agora diz entender a beleza de um universo tão rico e diverso.

Com o passar dos anos, tornou-se claro para mim que a maioria das pessoas despende uma energia considerável buscando uniformizar os relacionamentos e as personalidades alheias. Esse impulso tende a ser ora cômico, ora trágico. Aprender a ultrapassá-lo me parece ser o primeiro passo para relacionamentos mais ricos e funcionais.

Além de todo o exposto, a astrologia nos ensina outra derradeira lição: somos incompletos, e isso é bom. Como bem explica Jung em *Modern Man in Search of a Soul*: "Sabemos que o indivíduo nunca pode ser outra coisa simultaneamente, nunca pode ser completo – ele sempre desenvolve certas qualidades em detrimento de outras, e a totalidade nunca é atingida".

"Ser inteiro", numa perspectiva astrológica, não é sinônimo de "ser completo", e por isso o equilíbrio absoluto seria humanamente inviável. Uma condição fundamental para a existência seria a limitação perceptiva. Vivemos a vida (e o amor) a partir de perspectivas muito específicas. O zodíaco é, de fato, símbolo da inteireza, mas ele se manifesta em cada pessoa de modo "partido". E é essa incompletude que permite a vida e estimula as relações.

Como certa vez bem disse o escritor Richard Bach: "Eis um teste para saber se você terminou sua missão na Terra: se está vivo, não terminou".

Considerando que você está lendo este livro, imagino que esteja neste mundo, e não iluminado em outro. Desse modo, você é "astrologicamente dividido" e possui elementos mais fortes e mais fracos, e isso marca profundamente sua forma de viver o amor. Conforme espero que você aprenda nas próximas páginas, essa incompletude não é uma maldição.

É, acima de tudo, um presente.

Na página www.personare.com.br/os-seis-caminhos-do-amor, conheça uma prática de *yoga* cuja proposta é ativar e alinhar os chacras de acordo com mentalizações, sons e palavras de poder. Ainda que você não acredite em auras, chacras e teorias esotéricas para a vida e o mundo, isso não impede que realize a prática, até mesmo como um momento de pausa no cotidiano, com o objetivo de tranquilizar corpo e mente.

14
O AMOR CONJUGADO PELO FOGO

Diante de um cálice de vinho, pergunto ao fogo: "O que é isso?" Ele não toca a taça, mas instantaneamente algo em seu interior começa a se agitar. Talvez ele se recorde de Baco, divindade romana do vinho, e se ponha a filosofar sobre os mitos fascinantes que conhece. Provavelmente, vai achar uma incrível coincidência que eu tenha lhe perguntado justamente sobre vinho em um momento em que estava pensando em passear por vinícolas do norte da Itália, fazendo agroturismo. Mas, é claro, ele dirá que coincidências não existem e que tudo faz sentido. Após alguns segundos, seu espírito irrequieto já fez tantas pontes possíveis entre assuntos aparentemente desconexos, que minha pergunta inicial parece apenas uma banalidade. Então, ele me conforta e diz que minha pergunta tem tudo a ver, ao se lembrar de um velho ditado em latim: *In vino, veritas* (No vinho está a verdade), mas ao mesmo tempo a frase o incomoda: O que é a verdade? A verdade existe? Começamos uma longa discussão filosófica, e em meia hora já falamos de política brasileira, desenho animado, culinária tailandesa e viagens de balão – tudo isso a partir de um simples cálice de vinho, por ele usado para entornar litros da bebida. O fogo gosta de excesso. Sente-se vivo assim.

Carl Jung atribuía ao fogo a função psíquica da intuição. O que provavelmente mais confunde as pessoas quando se deparam com tal terminologia é o fato de que nos acostumamos a pensar em "intuição" como uma espécie de sexto sentido capaz de saber coisas sem, para isso, se valer de mediações racionais. É correto atribuir tais qualidades "proféticas" à intuição, mas ela é mais que isso. Diz-se que "intuitivo" (em um sentido psicológico) é o sujeito capaz de ir além do objeto em si, atribuindo significados e descobrindo (ou mesmo criando) sentidos para as experiências. O fogo enxerga a vida através de um prisma imaginativo tão intenso, que lhe é impossível se ater à mera forma das coisas. E, se assim é na vida, também o é no amor: suas relações, vividas com o sabor de uma incrível aventura, trazem lições e aprendizados especiais.

Ainda que o personagem por mim descrito pareça caricatural, muita gente se encaixa em maior ou menor intensidade nesse perfil, digamos, "ebuliente". Assim como o fogo, tais pessoas não possuem forma definida – estão sempre bruxuleando, mutantes que são, assumindo novas conformações e queimando tudo o que tocam. Diante do fogo, temos um dilema: por um lado, ele é brilhante e chamativo, é a primeira pessoa que notamos ao chegar a um ambiente. A proximidade nos faz sentir aquecidos, acolhidos. Todavia, o fogo exige distanciamento mínimo. Se nos aproximamos demais, podemos nos queimar.

Se o tocamos, corremos o risco de ser destruídos. "Olhe para mim, fascine-se, aproxime-se, mas não encoste muito" é a mensagem transmitida por esse elemento tão criativo e destruidor ao mesmo tempo. Então, podemos concluir que o fogo tem um problema em seus relacionamentos afetivos: a intimidade. Se é quase impossível não se atrair por ele, conviver não é nada fácil. Ele queima.

Pegando fogo!

A astrologia sempre dividiu o elemento fogo em três signos: áries, leão e sagitário. Desses três, nos chama a atenção o fato de sagitário ser o único cuja representação imagética só existe no universo mitológico: um centauro. Enquanto todas as outras entidades zodiacais representam seres existentes, o centauro pertence a outro mundo – e isso diz muito sobre o elemento fogo, cujo foco de existência diz mais respeito a um mundo mágico que ao "real". O clássico indivíduo intuitivo (ou colérico, ou idealista, como você preferir denominar o tipo fogo) se inclina a viver no reino da fantasia, interpretando tudo por um viés simbólico. O sentido importa mais que o fato em si, e até as mais simples e banais circunstâncias são abordadas a partir de uma incrível lição a ser aprendida. Para o tipo fogo, uma simples viagem de São Paulo a Santos tende a ser descrita como o Caminho de Santiago de Compostela. Tal comportamento torna o fogo impossível de ser alvo de sentimentos moderados. Ou causa profunda irritação e cansa as outras pessoas, ou as fascina ao nível da admiração (ou mesmo da inveja). Ame-o ou deixe-o, com o fogo não há meio-termo.

A abordagem do fogo em relação ao mundo não se limita à mediação dos sentidos ou, se a usa, é a partir de mecanismos tão inconscientes, que passa a ser mais movido por palpites, intuições e subcorrentes perceptivas que por análises práticas e racionais sobre as coisas. Por isso, tende a declarar repetidamente "eu sei", embora nem sempre consiga explicar (ou provar) como sabe das coisas. O fogo simplesmente "vê" a resposta em seu olho secreto interior – daí Jung chamá-lo de "intuitivo".

Uma perspectiva inclinada para o otimismo é natural nesse tipo. Ao acreditar piamente que tudo faz sentido e tem um significado oculto, ele consegue enxergar (ou inventar) uma razão para todos os acontecimentos, mesmo que tenham sido horrorosos. Dessa confiança meio infantil brotam as melhores qualidades e os piores defeitos do elemento: por um lado, temos a empolgação, a capacidade de animar as pessoas quando a moral e o entusiasmo caem, mas, por outro, temos a irresponsabilidade (ele não se preocupa com nada, pois acha que tudo vai se arranjar), o desperdício (derivado da crença de que nada lhe faltará), a pretensão (pensa saber tudo) e a prepotência (quase sempre, o fogo se superestima ao mesmo tempo em que subestima os demais). Não é à toa que podemos encontrar muitos tipos fogo deprimidos, nos causando estranheza, já que geralmente são tão alegres. A depressão desse elemento decorre do confronto inevitável com limites que ele preferiria fazer de conta que não existem. Assim como Ícaro, na mitologia grega, voa alto demais e tem as asas de cera derretidas pelo Sol implacável, os seres do fogo recorrentemente não sabem estabelecer limites para suas empreitadas e acabam passando por maus bocados.

Essa dificuldade de lidar com limites se reflete também nos relacionamentos. Podemos verificar, no tipo fogo, uma inclinação intrusiva na vida alheia, agindo como se tivesse certeza do que o outro precisa fazer. A falta de limites também pode se manifestar na forma de um comportamento por demais espaçoso, que vai ocupando todos os cantos da casa até o outro se sentir oprimido. O próprio fogo, contudo, tende a se sentir angustiado no contexto de um relacionamento formal, e tais tipos se beneficiam de relações em que cada parte tem seu próprio espaço, ou cultivando um estilo de vida em que há distância física suficiente. Viver grudado, para o fogo, é uma espécie de morte em vida.

A sombra do fogo

A "sombra" do fogo, ou "função inferior", é o elemento terra. Normalmente, o tipo intuitivo sente grande dificuldade em lidar com o mundo material. Frustra-se com detalhes, limitações, prazos. Todas essas coisas tão banais do nosso cotidiano se convertem em verdadeiros monstros para o tipo fogo: Contas bancárias? Cumprir horários? Envelhecimento? Dinheiro? É tudo um horror.

Não é de surpreender, contudo, encontrarmos tipos fogo ricos e famosos. Em geral, isso deriva de algum talento muito brilhante capaz de alçar o sujeito ao sucesso. Todavia, fica evidente que ele tem a seu lado alguém de confiança que o ajuda com os "detalhes banais do mundo", ou ele mesmo aprendeu (geralmente a duras penas) a lidar com todas essas coisas. O senso de oportunidade do tipo fogo é notável, e não é de espantar o fato de pessoas assim costumarem ter ideias que ninguém teve antes, pois intuem o que vai fazer sucesso. No processo, contudo, tendem a se comportar como "gênio incompreendido" e projetam os seus eventuais pequenos fracassos nos outros. Culpar os outros é uma especialidade do fogo que ainda não aprendeu a olhar para dentro de si e sacar seus próprios problemas – como a tendência ao desperdício, por exemplo, em todos os sentidos.

Vale destacar que, como ocorre com os outros elementos, o fogo tende a projetar sua sombra-terra em suas parcerias íntimas (amorosas, familiares e sociais). Recorrentemente, esse tipo acusa os outros de o estarem limitando, tolhendo sua liberdade, ou sendo lentos, medrosos, preocupados demais com aquilo que chama de "pormenores da vida". Como tem dificuldade para lidar com as funções psíquicas da terra em si mesmo, o tipo fogo projeta tais conflitos nos relacionamentos. Há grande avanço com o amadurecimento psicológico, e o indivíduo faz as pazes com a própria sombra.

Por ter forte atividade imaginativa e criativa, o tipo fogo tende a ter vários problemas com o próprio corpo. Hipocondria, por exemplo, não é rara, pois o tipo está em constante luta contra sua incômoda parte física, que insiste em ter sensações que o limitam. Problemas sexuais podem se dar quando o tipo se convence de que "sexo" é aquilo que viu em filmes pornográficos. Muita frustração tende a ocorrer quando a pessoa se convence de que aquilo que aparece em filmes equivale à realidade. Lembre-se: o fogo é sensível demais a imagens e fantasias. Ele "compra" modelos de perfeição com facilidade e parece ter dificuldade para compreender que a vida real é bem menos espetacular, em comparação com filmes de aventura (ou pornográficos). Se insistir em comparar sua atividade sexual à performance exibida em películas eróticas, o indivíduo terminará por se convencer de que há algo errado com ele. Constantemente, preciso repetir aos tipos fogo que os filmes que veem são performances, e não sexo de verdade. No mundo real, nem as ereções são tão incríveis, nem o desempenho é tão "perfeito", salvo em alguns momentos. Ainda que as mulheres do elemento fogo em geral não se inclinem tanto à pornografia (por razões que me parecem mais culturais, vale salientar), elas são sensíveis a imagens ideais. Seja no sexo ou na própria aparência, o fogo se inclina a fantasiar o espetacular.

Fogo e *pathos*

Mais que os outros elementos, o fogo (especialmente o primeiro signo, áries) é propenso a experimentar súbitas paixões e tudo o que isso implica, como oscilar do afeto à raiva em relação a uma mesma pessoa. Não raro, se porta de modo competitivo com a pessoa amada, em parte porque sua programação elementar não favorece cenários pacíficos, por ele interpretados como "tediosos". Se a vida é intensidade, a paz é a morte! Há também outra explicação para essa raiva: o amor faz com que o fogo se sinta vulnerável à outra pessoa, e essa fragilidade é algo que o confunde. *Vênus em áries é*, para a astrologia, uma posição de exílio do planeta,* justamente porque o tipo se in-

---

* Na astrologia, todos os planetas possuem domicílios cósmicos. "Exílio" é o termo dado a uma condição de fraqueza do planeta.

clina a agir de modo competitivo em relação à pessoa amada, evocando agressividade onde deveria existir afeto. Não raro, *Vênus em leão* e *Vênus em sagitário* também manifestam ataques de cólera em direção à pessoa amada, dando altos rugidos (leão) e coices cavalares (centauro)!

Essa vulnerabilidade às paixões torna o tipo fogo por demais sensível às novidades. Não é incomum que a pessoa abandonar um amor antigo em decorrência da empolgação por uma nova paixão – traço clássico nos tipos de *Vênus em sagitário e áries*, sensíveis às novidades em geral. Como a terra é uma função inferior, considerações pragmáticas não o seguram. O fogo é bastante sincero, embora tal honestidade seja maior em relação a si mesmo e seus próprios ideais. Movido pelo impulso, não raro termina os relacionamentos por estar sempre buscando uma imagem ideal, sendo ingenuamente sensível ao novo. E, após um bom tempo, tem a sensação de não ter construído algo sólido na vida. Uma vida tão barulhenta pode até ser excitante e encher de inveja quem aprecie a liberdade, mas o preço cobrado é bastante alto.

Fogo e *pragma*

Se a terra é a função inferior do fogo, não é de estranhar a grande dificuldade do elemento no tocante a coisas práticas. Construir um estilo de relacionamento que privilegie a segurança e que considere conveniências não é bem o forte do tipo. Não é a estabilidade que o mobiliza, tampouco considerações de conveniência o detêm quando está interessado. Na verdade, quanto mais a relação envolver fortes desafios inconvenientes, maior a tendência a se mobilizar naquela dada direção. *Vênus em sagitário*, por exemplo, é um posicionamento que costuma estar associado ao desejo por aventuras e ao interesse por tudo que é distante. Quanto mais exótico, melhor. Apaixonar-se por pessoas que moram do outro lado do mundo (ou, no mínimo, em outra cidade) pode ser inconveniente em um sentido prático, mas satisfaz os desejos de liberdade e instiga desafios. *Vênus em áries*, por sua vez, não costuma ter medos paralisantes que o impeçam de lutar por seus desejos, ainda que o mundo inteiro o chame de louco por seguir determinado caminho. E mesmo *Vênus em leão*, o mais pragmático dos signos de fogo, corre o risco de ser generoso demais ou de fazer coisas além dos limites para impressionar a pessoa amada, a ponto de não considerar o que é conveniente.

Fogo e *ludus*

O elemento fogo é especialmente sedutor e charmoso e costuma se esforçar pouco para envolver os demais com seu carisma. São jogadores naturais e adoram um desafio, apostando alto em suas conquistas amorosas. O tipo de *Vênus em áries*, segundo a astrologia, é especialmente propenso à arte da conquista, assumindo uma postura dominante nas relações. *Vênus em leão* costuma conhecer a dinâmica da sedução como poucos, dominando a arte de chamar a atenção sobre si e, é claro, se envaidecendo no processo. Apesar de *Vênus em sagitário* ser menos inclinado a *ludus*, em decorrência de seu comportamento algo desastrado e dado a gafes, há nesse posicionamento um quê de apostador.

O amor, para o tipo fogo, é uma enorme brincadeira, e não causa espanto que costume brincar tanto com a pessoa amada, agindo como se fosse criança. Como gosta de jogar, bons programas envolvem exatamente isto: brincar, ir a um parque de diversões, passar horas em um jogo de tabuleiro etc. Recorrentemente, o fogo age como se precisasse estar sempre seduzindo, o que tende a irritar – e muito! – suas companhias afetivas. É importante compreender, contudo, que tal comportamento não está necessariamente atrelado ao desejo de infidelidade sexual. Acontece que o fogo é um elemento conquistador, com forte instinto de caça. Quando em sua vida não há desafios diários à sua altura, tende a assumir uma postura caçadora por puro tédio. Jogar charme para os outros é uma forma de testar continuamente o próprio poder. É claro que isso pode sair dos limites, sobretudo se o tipo ainda estiver iludido por ideias de perfeição e busque sem cessar um "amor ideal" que só existe em filmes de Hollywood.

Fogo e *philia*

Dentre os três signos de fogo, o que mais se inclina à *philia* é *sagitário*, o que não é de estranhar, uma vez que é o signo que melhor representa a própria filosofia. A palavra "filosofia" se origina de duas gregas. Uma é *sofia*, "sabedoria", e a outra é *philos*, nossa velha conhecida amizade. Sagitário ama a franqueza, mas de um modo diferente de *áries*. Enquanto no primeiro signo a sinceridade assume as conformações brutais de quem diz tudo o que lhe vem à mente sem necessariamente considerar o que está sendo dito (e, em casos infantis, sem se dispor a ouvir o outro), em sagitário a forma assumida é a de uma honestidade que pretende o diálogo e busca a verdade. Cultivar virtudes elevadas é próprio do tipo fogo em sua versão mais amadurecida, daí a inclinação por assuntos filosóficos e espirituais que instiguem a percepções mais amplas capazes de tornar os relacionamentos intelectualmente estimulantes. O senso de justiça – muito forte em todos os três signos de fogo – sem dúvida favorece a *philia*, ainda que ela seja mais saliente, conforme escrevi, em sagitário.

Fogo e *agape*

Dentre os três signos de fogo, o que melhor representa o amor como *agape* é *leão*, o mais generoso dos tipos zodiacais. Geralmente classificado como "egocêntrico" e "vaidoso", não é que tais adjetivos não sejam verdadeiros, mas é que costumam ser bem pequenos diante de sua mais bela virtude: a generosidade. Mas o fogo puro, classicamente, costuma ter problemas com o princípio *agape*: egocêntrico e pouco inclinado a fazer sacrifícios pelos outros, perde a paciência quando tem de cuidar demais de qualquer coisa ou pessoa. De preferência, se tiver dinheiro, terminará pagando a alguém para cuidar daquilo que ele mesmo classifica como "banalidades" e "miudezas".

Fogo e *eros*

É de esperar que a força *eros* do amor se manifeste nos signos de fogo, embora não tanto quanto muitos imaginam. Pode parecer estranho, mas esse elemento é mais impulso de conquista que sexo em si. Sob diversos sentidos, o tipo fogo por vezes faz lembrar aqueles cachorros que correm atrás dos carros. Se o carro para, o cachorro não faz nada. O fogo é assim: gosta de correr atrás das pessoas, chamando sua atenção. No entanto, não é o sexo sua motivação primordial, mas a vaidade. *Áries*, por exemplo, é mais apaixonado que sexual, e tanto ele quanto *leão* são mais sedutores que carnais. *Sagitário*, por sua vez, vive o dilema de ser meio humano, aspirando às alturas, e meio cavalo, mais inclinado ao animalesco.

Na verdade, o tipo fogo clássico costuma apresentar problemas sexuais decorrentes do fato de a imaginação ser mais interessante que a realidade. Sendo tão sensível ao tédio e tão incomodado com a rotina, tende a ser comum um arrefecimento do tesão quando a relação é muito duradoura. Se o parceiro amoroso não inventa fantasias e coisas que saiam da rotina (como viajar juntos, por exemplo), o fogo se inclina para fantasias pornográficas (sobretudo os homens, por razões culturais), ou mesmo para "puladas de cerca", mais motivadas pelo desejo de provar que por falta de fidelidade emocional.

Lidando com o fogo

A primeira e mais importante coisa a se ter em mente é: o fogo tem como função sombria a terra. Ele reage (muito) mal a cobranças e a tentativas de limitá-lo, embora assuma uma boa postura quando elogiado e admirado. Não encare isso de maneira pejorativa, como se o fogo fosse apenas um tipo vulnerável ao puxa-saquismo. Sob diversos aspectos, esse elemento é como uma criança, se zangando com as limitações impostas pelo mundo chato dos adultos, mas fazendo de tudo para ser elogiada pelos próprios adultos que a chateiam.

Evitar situações de rotina é fundamental em uma relação com um tipo fogo. Brincar de papai e mamãe mais o apavora que o seduz. Entre ficar em casa agarradinho vendo filme e fazer uma viagem, adivinhe o que ele prefere? Ficar em casa é até possível, contanto que se inove e invente um programa dinâmico e divertido que o faça não ter a sensação de que está perdendo tempo sem fazer nada. O fogo tem verdadeiro horror à ideia de desperdiçar a vida e adora variação, e isso explica sua intranquilidade.

E se você é um tipo fogo, talvez precise aprender uma lição importante: aceite as limitações. Achar que a grama do vizinho é sempre mais verde pode levá-lo a desperdiçar coisas importantes que já conquistou. Você tende a desvalorizar suas coisas e seus relacionamentos à medida que o tempo passa, por puro tédio e necessidade de estar sempre conquistando o novo. O preço a se pagar por isso, no futuro, é não ter criado nada muito sólido, correndo atrás de coisas que são melhores no mundo da fantasia. Por isso, é importante fazer as pazes com a terra e aprender a cultivar um senso mínimo de preservação. Lembre-se: um cálice de vinho pode ser bonito e evocar muitas ideias criativas, mas beba-o com moderação!

15
O AMOR CONJUGADO PELO AR

Tomo o cálice de vinho e agora o apresento ao ar, repetindo a questão: "O que é isto?" Ele sorri, meio simpático meio agitado, estimulado pela pergunta. *Será um tipo de jogo? Estão testando meus conhecimentos?*, pensa. Inicia, então, uma preleção sobre cálices e suas funções variantes de acordo com as formas. Conta-me que há cálices mais adequados a alguns tipos de vinhos que outros e pergunta se eu sabia disso. Na verdade, eu não sabia. Nem ele, até semana passada. Leu sobre o assunto enquanto navegava, em cinco publicações ao mesmo tempo, na internet. Além do cálice, há, evidentemente, o vinho. "Sabe qual a diferença entre um cabernet sauvignon e um malbec? Não? Vou explicar...", dispara. Em apenas vinte minutos de conversa e a partir de uma pergunta simplória, recebo uma verdadeira aula sobre cultivo de uvas e tipos de vinho. E não, ele não é especialista em enologia. É só curioso e aprende de tudo. Detalhe: ele não prova o vinho. Apenas fala sobre ele. Intelectualizar a experiência é também uma sofisticada forma de fuga.

Dentre todos os quatro elementos astrológicos, o ar é bem difícil de agarrar. Diferentemente do fogo, cuja natureza queima ao toque, o ar não se deixa conter nem mesmo em nossa respiração por outro motivo: não tem coesão suficiente para ser tocado. Deixa-se aspirar, mas precisamos liberá-lo e renová-lo continuamente, se quisermos permanecer vivos. A partir desses dados, é fácil compreender quanto a liberdade é importante para esse elemento, ainda que de modo um tanto contraditório, desejando não ser contido ao mesmo tempo em que em tudo está. O tipo clássico do ar é tão móvel e volátil que chega a simular uma espécie de onipresença, participando de tudo o que lhe for possível e sendo visto nos lugares mais improváveis. Sabe o juiz que surfa nos fins de semana, ou o jogador de futebol que estuda física quântica na faculdade? São representantes do ar.

O ar é o elemento que permite a comunicação. Sem ele, não conseguiríamos nem falar e nem ouvir o que os outros tem a nos dizer, pois o som o utiliza como meio de propagação. Assim sendo, dentre os quatro elementos, é o ar quem melhor representa o desejo de interagir, se comunicar, falar e ouvir. Evidencia-se, portanto, que a condição fundamental para estabelecer um relacionamento com esse elemento é estar disposto a *muito* bate-papo e, mais que isso, a permitir que ele bata papo também com quem bem entender. Restringir o campo de ação do ar não é muito inteligente. É de sua natureza invadir todos os espaços possíveis. Por ser o elemento da comunicação, costuma interagir bem com os mais diversos tipos de pessoas, mobilizado por uma poderosa curiosidade e alta tolerância às diferenças alheias (ao menos, em um nível superficial). Em muitas ocasiões, parece pouco fiel, quando na verdade quer apenas ser simpático com as outras pessoas.

O amor está no ar

Chamado de "sanguíneo" na Antiguidade e associado à função-pensamento por Jung, o ar é o mais mental dos elementos. Assim como o fogo, é agitado, ativo, dinâmico e não tem forma definida. Possui a curiosa propriedade de se espalhar por todos os lugares e, ainda assim, se manter invisível. Outra característica muito curiosa distingue os signos de ar de todos os outros: nenhum deles é um animal. Gêmeos e aquário são representados por figuras humanas. Libra, por sua vez, é a exceção entre as exceções, não sendo nem animal nem homem, e sim um objeto criado pelo engenho humano. E não é mera coincidência que nenhum animal represente um signo de ar. Trata-se do elemento mais humano e o que mais se distancia dos processos instintivos. O mundo do homem é, sob incontáveis aspectos, um primado do intelecto sobre a natureza. Nossa história é a de uma criatura que, ao longo dos milênios, se esforça para se proteger do caos natural e se afasta do instinto. E isso não tem nada a ver com não ser ecológico, mas com priorizar conforto e não sentir medo do incontrolável. Climatizamos os ambientes, cozinhamos os alimentos, usamos roupas, criamos leis que viabilizam a sociedade, desenvolvemos uma linguagem passível de interpretação e temos uma característica absolutamente singular: somos o único animal da natureza que não se torna espontaneamente o que se é. Um gato cavará a areia para fazer suas necessidades fisiológicas mesmo tendo sido criado por cães. Um corvo criado por uma galinha como se fosse filhote dela não deixará de voar por isso. Mas o filhote de um humano só se torna humano se for ensinado. E isso não é "bom" nem "ruim". Apenas é. O homem precisa aprender a ser homem, e esse processo de aprendizado que se dá pela intermediação da linguagem é o fator ar agindo em nossa vida.

A mais marcante característica do elemento ar, dominando inclusive sua forma de lidar com relacionamentos, consiste no fato de ele se basear em parâmetros ideais preconcebidos e, saliente-se, *teóricos*. O ar é o rei da teoria, e tem milhões delas para explicar e domar a vida. Quase sempre, abraça tais modelos a partir do que lê em livros, aprende em cursos ou os desenvolve a partir de suas próprias elaborações mentais realizadas ao longo de anos a fio. Manuais do tipo *Dez formas de alcançar o sucesso* ou *Trinta e cinco dicas preciosas para resolver seus problemas afetivos* são clássicos do elemento ar. Ele explica tudo, racionaliza o mundo, o que configura uma sofisticada (e divertida) forma de defesa emocional. A função do pensamento (gêmeos, libra e aquário como representantes) estimula esse tipo de coisa. Regras detalhadas e matemáticas sobre como alcançar a perfeição? O ar adora isso, pois assim sente que está usando o pensamento (sua função psíquica) para dominar o caos assustador do reino emocional (sua função sombria, a água). A dinâmica aérea aprecia usar a lógica para definir modelos de ação, não se furtando a coletar o máximo de conhecimento com o objetivo de estabelecer organogramas, leis, esquemas, receitas. Tal procedimento, evidentemente, não funciona sempre, pois a prática insiste em contrariar teorias. Quando isso acontece e o caos e o imprevisível se impõem, o ar considera que estava com poucos dados e se esforça para aperfeiçoar o sistema a partir do qual se sustenta, seja ele de natureza filosófica, espiritual, tecnológica etc. É difícil para o ar aceitar que o grande lance não diz respeito ao sistema não ter dados completos, e sim ao fato de que ele tem um problema com o caos, as emoções, o imprevisível. Tem problemas com a natureza, e fantasia obter a chave secreta do universo que vai lhe permitir domar o indomável.

Mais que todos os outros elementos, o ar se interessa pelo tema "relações humanas". Na verdade, chega a ser obcecado com questões afetivas e com temas como o amor, as diferenças entre os sexos, os códigos sociais. Não à toa, inclina-se ao estudo da psicologia (ainda que não formalmente) e manifesta forte curiosidade em relação aos problemas emocionais alheios. Por isso costumo dizer que "o amor está no ar". Entretanto, note que tal movimento é, acima de tudo, um procedimento mental. Ele quer estudar o amor para, assim, dominar a estranheza desse mundo. Se você for um tipo ar clássico, provavelmente comprou este livro com a esperança de encontrar dicas ou algum tipo de descrição passo a passo de como melhorar seus relacionamentos. Tudo isso porque você desconfia de seus instintos e acha que precisa de um manual. Na verdade, acho que você precisa aprender a confiar em seus instintos e assumir o que realmente sente, mesmo que tais sentimentos não sejam, digamos, agradáveis.

A sombra do ar

A "sombra" do ar, ou "função inferior" (usando uma terminologia junguiana), é a água. A dificuldade do ar para lidar com o universo dos sentimentos, apesar de estudá-lo de maneira quase sôfrega, é conhecida pelos astrólogos há milhares de anos. Perder o contato com o que realmente sente em submissão a teorias ideais é a mais grave consequência para a vida do tipo ar. Desconhecendo o que sente, igualmente ignora (ainda que não o saiba) os processos emocionais alheios, e não raro toma um susto imenso quando sua companhia íntima manifesta desagrados emocionais. O clássico tipo ar é aquele que um dia acorda e não faz a mais vaga ideia do porquê de seu amor ter desejado se separar dele. Isso ocorre em grande parte porque vive em um mundo de perfeição imaginária e é especialista em fazer o "jogo do contente". Parece estar tudo bem, até que a bomba explode e os monstros irrompem.

Para muitos, é estranho compreender que o ar é um elemento "frio". Como, se são tão românticos? Mas o ponto exato é este: romantismo não se refere, necessariamente, a emoções reais. O mais comum é que ele esteja comprometido com *modelos ideais*. Não é à toa que a maior queixa de quem se relaciona com indivíduos tipicamente aéreos é a sensação de não ser realmente visto. Em diversos aspectos, parece que o ar se relaciona com uma ideia, em vez de uma pessoa real. E, quanto mais envolvido com regras, modelos, fluxogramas e tentativas intelectuais de dominar o mundo das emoções, mais propenso o ar se torna à frustração afetiva. Um grande passo é dado quando a função inferior, a água, é integrada e deixa de se manifestar como sombra. "E como eu faço isso?" é uma pergunta tipicamente aérea, clássica de quem deseja manuais de instruções sobre como viver. Bem, uma dica importante é fazer alguma atividade que demande o corpo e seus sentidos, permitindo a liberação das emoções reais. Terapias que evoquem palavras, falatório, ou mesmo meditações e outras atividades mentais/espirituais são técnicas que põem o ar em seu mais poderoso campo de ação. Não costumam ajudar muito, na medida em que ele tem o inacreditável talento de manipular seus próprios terapeutas. Já as atividades que liberam a linguagem corporal colocam esse elemento em situações de alta vulnerabilidade – e é exatamente esta que precisa ser mais bem explorada.

A água, na qualidade de sombra, costuma se projetar nas relações mais íntimas do tipo ar. Mesmo que você não seja um tipo água, só o fato de se relacionar com o ar faz com que ele projete os elementos inconscientes em você. Desse modo, você será subitamente convertido em alguém que alimenta emoções negativas ("Que coisa feia", dirá o ar, tão preocupado que é com o "belo"). Você também será pintado como aquele que fomenta emoções irracionais, faz queixas sem sentido ou cria situações desnecessariamente. Em compensação, pergunte a ele o que sente. Ele não saberá responder. Quase invariavelmente, responderá o que *pensa*, e geralmente isso é bem diferente de confessar o que *sente*. Se, por exemplo, ele sente ciúme, mas o *encara* como algo feio, infantil e primitivo, dirá que não sente. E, note bem: não se trata simplesmente de mentir! Ele mesmo não consegue expressar o que deveras sente. As pistas são dadas por atos falhos, totalmente inconscientes. Pode dizer, por exemplo, que não tem raiva nenhuma de você e pisar no seu pé três vezes em um mesmo dia – é o acidente expressando o que a mente não consegue assumir.

Ar e *pathos*

O ar não é especialmente inclinado ao amor-*pathos*, com exceção de *libra*, signo propenso a oscilações entre amor e ódio em relação a um mesmo objeto. A balança oscila ora para um lado ora para outro, e a competição se manifesta. Esqueça as ideias irreais que pintam libra como "bonzinho", "romântico" e alguém que só pensa em casamento. O sétimo signo adora uma briga, mas, ao contrário de seu oposto, áries, realiza as batalhas no terreno da mente e da retórica. Não é de estranhar que esse seja o signo do direito e dos advogados. Seus tapas são dados com luvas de pelica.

Vênus em libra é considerada uma posição de domicílio diurno de Vênus, ou seja, uma situação especialmente poderosa para o referido planeta. Trata-se de um posicionamento especialmente disposto a paixões e encantamentos afetivos, ainda que tais arrebatamentos impulsivos se deem mais por motivações idealizadas que efetivamente eróticas e sensuais. Acima de tudo, libra se apaixona pela ideia do amor, o que é bem diferente de se apaixonar por uma pessoa. Em tese, o indivíduo de Vênus em libra apresenta dificuldade crônica em lidar com o real em suas relações, criando um cenário idealizado que pode irritar bastante seu parceiro. Afinal, o outro percebe que não está sendo visto como efetivamente é, mas adorado a partir de uma referência teórica projetiva.

Aquário, em compensação, costuma detestar *pathos* e faz longos discursos sobre a importância de não nos deixarmos levar por aspectos irracionais e animalescos de nossa natureza. Sentimentos ruins apavoram aquário em uma escala inconcebível. Ele os vê como monstros perigosos que precisam ser aniquilados. Evidentemente, sufocar demônios não faz com que deixem de existir. É irônico que sufocar *pathos* possa ser tão patológico. E não é de estranhar que esse signo eventualmente se queixe do abandono por conta do ser amado ter se apaixonado por outro. Quem sufoca a paixão a atrai como inimiga.

Ar e *pragma*

O elemento ar não lida bem com a face *pragma* do amor. Ainda que levemos em conta o fato de *libra* se importar especialmente com coisas como casamento, aceitação social, contratos e acordos, buscando relações com pessoas que lhe pareçam convenientes, vale ressaltar quanto esse signo é movido por impulsos, por ser de natureza cardinal.* Seu senso de conveniência é mais teórico que uma realidade prática. Costumo dizer que todo discurso libriano em torno da importância do casamento e do bem-estar social é mais ideal, e toma a forma de algo efetivo quatro signos depois, em capricórnio (não à toa,

---

* Os signos podem ser cardinais, fixos ou mutáveis. Os cardinais são aqueles que abrem as estações (áries, libra, câncer e capricórnio).

um signo terrestre). *Aquário*, por sua vez, é o que menos se importa com questões pragmáticas, sendo especialmente comprometido com ideais tão belos quanto – em geral – pouco realistas. A utopia, afinal, é aquariana, e o que importa se a outra pessoa não é nada do que eu imaginava em minhas lindas projeções perfeitas? *Gêmeos*, sendo regido por Mercúrio, costuma apresentar forte nível de submissão a interesses imediatos para ser considerado um tipo pragmático, que faz projeções de longo alcance.

Ar e *ludus*

De acordo com a astrologia, *Vênus em gêmeos* é um posicionamento lúdico por excelência. Especialista na arte de jogar, o nativo desse posicionamento é suficientemente inteligente para saber em quais alavancas mexer e quais botões pressionar a fim de causar impactos previamente estudados nos outros. O domínio do universo das palavras é também uma característica singular de gêmeos, que demonstra destreza para a arte da conversa e, sobretudo, da persuasão. Quem escreveu o primeiro livro do tipo como fazer amigos e influenciar pessoas deve ter sido um típico geminiano.

Libra e *aquário*, em contrapartida, são bastante identificados com a face *philia* do amor e priorizam a construção dos relacionamentos a partir de amizades honestas, sem jogos ou manipulações. Dentre os signos de ar, gêmeos é o único que se presta a jogos e manipulações. Libra adora um cortejo e conhece bem as regras sociais que permitem envolver e agradar os outros, e pode ser bem *ludus* se quiser, mas ainda assim sua prioridade é a *philia* (amizade franca). Aquário, em compensação, sabe jogar tanto quanto um elefante em uma loja de cristais, e prioriza mais a amizade sincera do que o que classifica como "joguinhos cansativos".

Ar e *philia*

Com exceção de *gêmeos*, que, como já vimos, é comprometido demais com jogos e traquinagens, os outros signos de ar priorizam bastante o amor-*philia*. *Vênus em aquário* é uma clássica posição de quem demanda o máximo de amizade possível em um relacionamento, não raro preferindo relações em que os interesses intelectuais são prioritários aos impulsos eróticos e passionais. "Podemos continuar amigos?" é o tipo de discurso que tendemos a ouvir quando a relação com um clássico nativo aquariano termina.

A dimensão intelectual, própria de *philia*, é necessidade primeira do elemento ar. Até mesmo gêmeos, mais inclinado a *ludus*, tem seus traços de *philia*, que se manifestam no desejo por relações nas quais os indivíduos conversem, troquem ideias e falem sobre tudo, desde a política na Bósnia até física quântica. *Vênus em libra* é outro posicionamento clássico de identificação com a face *philia* do amor: não faz sentido ter afeto por quem não seja prioritariamente o melhor amigo. Isso explica o fato de o elemento ar ser mais orientado pela audição que pela visão. Trata-se do único elemento mais sensível às palavras que às imagens. Ainda que eroticamente atraído por outra pessoa, o tipo ar dispensará a possibilidade de contato se perceber que seu objeto de desejo está "abaixo" dele em um sentido intelectual. Gêmeos talvez seja a exceção e tolere melhor os eventuais desníveis, ainda que – por sua natureza deveras ambígua – oscile bastante nesse quesito.

Ar e *agape*

Dentre os três signos de ar, *aquário* é o mais afinado com o amor-*agape*. Desconectando-se facilmente de emoções egoísticas, o décimo primeiro signo zodiacal tem sua generosidade expressada em sua própria representação imagética: uma figura humana vertendo água, como se a doasse aos necessitados. Genuinamente interessado em questões humanitárias, aquário é um idealista nato constantemente queixoso do excesso de individualismo e da dificuldade que as pessoas parecem ter em se importar com o sofrimento alheio. *Vênus em aquário*, inclusive, é um posicionamento comum em pessoas dedicadas a militâncias sociais, que vivem a lutar pelos oprimidos.

Libra e *gêmeos* são, evidentemente, capazes de se sintonizar com *agape*,* em especial libra, mas suas motivações prioritárias são outras que não as sacrificiais.

Ar e *eros*

O elemento ar, por sua própria natureza mental, não costuma ser muito bem conectado com o próprio corpo, mobili-

---

* Assim como em todos os signos, vale dizer que "identificação menor" não significa "impossibilidade".

zando-se, portanto, mais pelos aspectos abstratos do amor que pelos físicos. *Eros*, entretanto, é uma face afetiva muito poderosa em *gêmeos*. O terceiro signo costuma sentir fortes atrações físicas sem as limitações impostas pelo eu-censor, que se mostra tão poderoso em *libra*, por exemplo. *Aquário*, por sua vez, é espiritual demais para se submeter ao amor erótico, embora evidentemente o sinta. Apenas não é esse o seu objetivo maior.

Lidando com o ar

Considerando que o ar tem como função sombria a água, prepare-se para ser o alvo de um depositório de emoções pouco conscientes. Tais sombras são projetadas no grande espelho que você é! Assim sendo, você se torna o depositório de acusações de irracionalidade e, sobretudo, de agressividade. O ar é campeão no quesito "acusar o outro de falta de racionalidade e comportamento desnecessariamente agressivo", sendo que ele mesmo não se toca muito bem de quanto tende a ser provocativo em seus relacionamentos.

Exceto por tais efeitos colaterais projetivos que podem ocorrer em todos os elementos, relacionar-se com o ar tende a ser uma experiência bastante agradável se você aprecia um bom diálogo e sente curiosidade natural pelas coisas da vida. Desse modo, tornar-se mais antenado e ler bastante para ter assuntos que tornem seu papo interessante é uma boa pedida.

Ao se relacionar com o ar, você precisa estar disposto a ajudá-lo a encarar as emoções que tanto recalca. A inconsciência dos próprios sentimentos costuma ser razão de grande sofrimento para o ar, embora não perceba quanto sofre até seu corpo manifestar doenças como um processo de somatização, no qual emoções pouco conscientes se convertem em males fisiológicos. São as relações no mundo real que salvam o tipo ar da torre de marfim do mundo ideal no qual ele vive. Você pode até se perguntar qual o problema em viver em função de idealizações tão belas. O problema é que podem se tornar perigosamente tirânicas, e quem se rebela contra isso é o próprio corpo. Mas preste atenção: alcançar o mundo das emoções escondidas do ar não é fácil, e entrar arrombando tudo com um aríete não seria nada esperto de sua parte. Quando pressionado, esse elemento se evade dando uma de "distraído", não prestando atenção a nada do que lhe é dito. É preciso sutileza e paciência na arte de alcançar seus verdadeiros sentimentos. Com o tempo, ele aprende que conhecer todos os vinhos do mundo e saber tudo sobre cálices de cristal não se compara a silenciar a mente e se entregar à doce experiência fisiológica de *ousar provar o vinho* – coisa que não fez quando lhe mostrei o cálice na primeira vez.

16
O AMOR CONJUGADO PELA TERRA

Chegou a vez de a terra ser apresentada ao cálice de vinho e me responder o que é. Sem pestanejar, ela o toma em suas mãos. Diferentemente dos elementos anteriores, que hesitam em interagir fisicamente com o objeto (o fogo bebe o vinho apenas depois de muito filosofar), ela se apropria dele imediatamente. Cheira o conteúdo com bastante calma, eternizando o momento e extraindo todo o prazer possível da experiência olfativa. Então, diferentemente da voracidade beberrona do fogo, a terra primeiro experimenta uma pequena quantidade. Após deixar o vinho passear cautelosamente por todas as partes de sua língua, ela o engole, rumina mentalmente o que vai dizer e então declara: "Não sou especialista em vinhos, mas posso dizer que este tem um odor amadeirado fascinante, além de um gosto bem suave que me lembra nozes. Delicioso!" E, antes que o leitor pergunte, ela não se esqueceu do cálice. "Que textura gostosa, é cristal?", pergunta.

Sendo o mais coeso dos elementos, a terra se caracteriza por uma interpretação do mundo que passa primeiramente por seus sentidos físicos. Texturas, cores, sabores, odores, sons – nada escapa à abordagem sensorial desse elemento. Leia novamente a descrição do que acontece quando esse tipo se vê diante do cálice. Não lhe parece algo erótico? A terra não apenas experimenta as sensações, ela sensualiza tudo que vive. Não é à toa que costumamos reconhecer um tipo terra clássico por sua tendência a dizer "que gostoso!" diante de tudo que lhe é agradável. A experiência de viver um dia aprazível, por exemplo, será descrita como "uma delícia". A impressão que se tem é de que a terra está comendo e bebendo do mundo, como se tudo fosse uma sofisticada iguaria. O fogo, seu oposto psicológico exato, aborda a realidade a partir de outra percepção, a imagética: "Que bonito!", dirá ele. Se o fogo devora o mundo com os olhos, com pressa e imaginação, a terra o sorve com nariz e boca, com calma e sensação.

Se a coesão da terra lhe confere relação privilegiada com o mundo físico em que vivemos, é essa mesma extrema coesão a fonte de seu maior problema: a dificuldade para efetuar mudanças. Fogo, ar e água mudam de forma relativamente fácil. Ar e água, por exemplo, assumem a conformação do recipiente que as contém. O fogo se transforma de modo aleatório, a partir de uma lógica altamente imprevisível para quem o observa. A terra também muda, porém bem devagar e em decorrência da pressão ambiental sobre ela exercida. Pedras demandam a ação da chuva, do vento e da temperatura para ser alteradas, e por isso se diz que a terra só muda quando interage, jamais muda sozinha. Por essa razão, o tipo terra tende a se manter por muito tempo em uma situação. Ainda que identifique a necessidade da mudança, só a realizará se houver constante pressão. Trata-se de um elemento bastante inercial e, se deixado em paz, fica na mesma até que lhe seja ordenado o contrário.

Amores terrenos

Na teoria humoral da Antiguidade clássica, o elemento terra era chamado de "melancólico". É importante salientar, contudo, que essa "melancolia" da medicina antiga pouco tem a ver com o uso que fazemos do termo nos dias atuais. Contemporaneamente, dizemos que uma pessoa é melancólica quando nos referimos a algo que percebemos como negativo nela. Está triste, acabrunhada, desanimada com a vida? Melancólica. Esse sentimento assume grande importância nos diagnósticos psiquiátricos da medicina atual, porém não mais dizemos que "melancolia" é um temperamento. Tornou-se sintoma de doença.

Antigamente, contudo, se referia a um temperamento, com todas as vantagens e desvantagens implícitas ao tipo. Ao temperamento melancólico, atribuíam-se virtudes como o senso de detalhe, a ponderação, o apreço pela solidão, a cautela. Os defeitos decorreriam do exagero das virtudes: a capacidade para se ater a detalhes se converteria em um comportamento obsessivo; ponderação e cautela se manifestariam como medo, covardia; o gosto pela solidão surgiria como timidez, desconfiança, insociabilidade. Hoje em dia, quase ninguém usa o termo para se referir a indivíduos do elemento terra, justamente pela má compreensão que isso pode causar, exigindo toda uma explicação de como as palavras mudam de significado com o passar das épocas.

Por essas e outras, é mais comum utilizar a classificação elaborada por Jung. Ele se refere ao tipo terra como "sensorial". Conforme o próprio termo sugere, esse tipo lida com o mundo a partir de sensações, o que implica prioritariamente o uso dos sentidos físicos, nos quais confia. Não adianta uma teoria ser bonita, se não lhe "cheira bem". Atento a detalhes que aos outros passam despercebidos, o tipo terra terá como preocupação prioritária verificar quanto dada ideia tem aplicabilidade prática. Mobiliza-se por resultados, não pela mera beleza da coisa no papel.

Em decorrência dessa grande inclinação à estabilidade, o tipo terra se dispõe a relacionamentos duradouros com pessoas que satisfaçam suas necessidades de segurança em diversos sentidos, do emocional ao material. É fácil perceber, cruzando esse elemento com as faces do amor de John Lee, quanto a terra se identifica com o amor-*pragma*. Não que o tipo não se apaixone. Mas suas paixões serão filtradas por elementos práticos, e o principal deles envolve a questão: "Quanto de estabilidade o outro pode me oferecer?" Não se trata de interesse financeiro (não apenas), mas do apreço por quem lhe garanta paz de espírito. A terra odeia comportamentos imprevisíveis e o sentimento de ameaça. O que é seu, é seu. Gosta bastante da sensação de ter uma vida tranquila, rodeado por seus objetos preferidos. Além de funcionarem como uma boa defesa contra as ameaças do mundo exterior, tais objetos (e pessoas amadas) lhe conferem sensação de continuidade e segurança emocional.

Dentre todos os elementos, a terra forma com a água o "par sensual" da astrologia. Enquanto fogo e ar costumam ter um relacionamento deficitário com seu próprio corpo, detestando a limitação que o mundo físico lhes impõe, a terra e a água sentem-se bem na realidade física. Por isso, a terra costuma ser especialmente saudável, ainda que inclinada ou a comer muito (caso de touro, que exige satisfação física imediata), ou a apresentar quadro obsessivo no que diz respeito à manutenção da saúde física (caso de virgem, que tem um pé na hipocondria). Sexo, evidentemente, entra no rol de sensações muito apreciadas pela terra. Não é de surpreender, portanto, que esse seja o mais sensual dos elementos, refletindo tal sensualidade nas coisas mais banais. Poucos tipos erotizam tanto a existência: o ato de cozinhar ou de ler um livro tem algo de sexual quando realizado pelo tipo sensação.

O grande problema a ser vencido, no caso desse elemento, tem a ver com o fato de ele ser tão mobilizado pelo medo. A inclinação a pressentimentos negativos torna a terra especialmente desconfiada e mesmo paranoica, como se a qualquer momento a estabilidade conquistada pudesse ser desfeita. Isso, é claro, tende a se refletir em seus relacionamentos. A razão desse medo tem a ver com seu elemento sombrio, o fogo. Enquanto este costuma ter clara visão do futuro, e isso enche o elemento de confiança, a terra tem dificuldade em acessar esse poder. Ela tenta, mas tudo que consegue é projetar no porvir suas próprias inseguranças. A astrologia sempre se refere a touro como um signo cheio de horror diante da mera possibilidade de perder o que julga ser seu. Virgem fica doente só de imaginar que toda a organização que conseguiu implementar em sua existência possa ser desfeita. E capricórnio está continuamente suspeitando de perigos. Os signos de fogo, em contrapartida, tiram com facilidade um ás da manga quando sua realidade eventualmente se desestrutura (sendo que muitas vezes eles mesmos desestruturam tudo propositalmente, apenas para mostrar que têm o ás). Se tais temores terrestres se manifestam em seus relacionamentos, eles podem conduzir a terra a ser a grande sabotadora de si mesma. Vencer os próprios medos é fundamental para a felicidade desse tipo em todos os níveis, não só no afetivo.

A sombra da terra

A terra tem no fogo sua "função sombria". Isso pode ser constatado a partir de alguns comportamentos clássicos do tipo sensorial.

Em primeiro lugar, chamo a atenção para a poderosa inclinação espiritual que muitos tipos terra apresentam, estranha à primeira vista para quem se foca apenas na materialidade terrestre. Tal inclinação, contudo, deriva do fogo como sombra: a busca por um sentido para a existência. Entretanto, na terra isso corre o risco de se cristalizar na forma de dogmas espirituais e/ou religiosos, que podem gerar fanatismo. Além disso, seu interesse pelo mundo espiritual parece ser também uma tentativa de controlar a vida. É fascinante constatar a quantidade de pessoas tipicamente terrestres que buscam serviços esotéricos de previsão do futuro e oráculos. É como se tentassem continuamente encontrar uma forma de não ser pegas de surpresa – o que é apavorante para tal elemento.

Em casos mais graves, o fogo inconsciente se manifesta pela fascinação por sistemas religiosos ou espirituais e filosóficos repletos de fanatismo. O fervor manifestado por alguns tipos terra nessas situações é honesto, mas, por ser fruto da sombra do fogo, tem algo de perigosamente ingênuo que os deixa suscetíveis à rigidez dogmática.

Outra manifestação do elemento inconsciente é a tendência do tipo terra de projetar o pior do fogo em suas parcerias íntimas. Como resultado, surgem as tradicionais queixas de que os outros são inconfiáveis, imprevisíveis e desnecessariamente agressivos. A terra costuma acusar as pessoas de querer aparecer. O desejo de chamar a atenção que vê nos outros é em verdade uma transferência de seu próprio fogo interior mal resolvido. No fundo, o que a terra mais deseja é brilhar e ser aplaudida. Mas, por não integrar esse desejo à sua personalidade, transfere-o para seu próximo.

Sendo algo velho e/ou rabugento na superfície, a terra é jovem e irresponsável em seu interior secreto. Transfere esse aspecto pueril para suas parcerias amorosas, enxergando nos outros uma série de comportamentos inconsequentes, irresponsáveis ou juvenis, ainda que tais pessoas não sejam constantemente assim. No processo de projeção, todos nós ressaltamos no outro – utilizado como espelho – as funções menos conscientes de nós mesmos.

Terra e *pathos*

O elemento terra não é especialmente propenso a *pathos*. Arroubos passionais simplesmente não combinam com o tipo. Evidentemente, isso não significa que jamais se apaixonem, apenas implica uma tentativa constante de contenção dos impulsos imprudentes, que contrariam a cautela e o senso de conveniência. Como se sabe, a terra é velha até quando muito jovem, e é como se já tivesse visto muito do mundo e da vida, constatando com facilidade os perigos desencadeados pela submissão às paixões. *Touro*, dentre todos os signos de terra, é talvez o mais inclinado a se apaixonar, mas seu desejo por estabilidade faz com que retome rapidamente o controle das próprias emoções. *Virgem*, sendo regido por Mercúrio, é racional demais para se deixar levar por impulsos oscilantes e primários, e não é à toa que *Vênus em virgem* é considerada uma posição de queda para esse planeta em especial. O signo tenta a todo custo refrear a paixão e costuma sofrer muito quando não consegue fazer isso. *Capricórnio*, por sua vez, tem uma personalidade tão desconfiada que dificilmente se permite alimentar paixões sem ter um mínimo de certeza da segurança oferecida.

Terra e *pragma*

Nem é preciso muito esforço para compreender que a face *pragma* do amor foi cunhada com esmero para os tipos terra. Ela se manifesta poderosamente em todos os signos desse elemento. *Vênus em touro*, por exemplo, é uma das mais pragmáticas posições, ambicionando toda a estabilidade que lhe for possível. Detesta oscilações e valoriza a segurança nos relacionamentos, sendo afeito a amores de longo prazo. É sabido que, dentre todos os signos, touro é o que mais apresenta dificuldades para realizar mudanças, permanecendo em uma situação mesmo quando ela já deu o que tinha que dar. Esse talvez seja o pior lado de *pragma*, expressado pelo arquétipo taurino.

Vênus em virgem e em capricórnio também são classicamente pragmáticos. Virgem vai avaliar não só a conveniência da relação, como também vai demonstrar seu amor criticando o parceiro, uma vez que não consegue conceber um relacionamento não implicar aperfeiçoamento mútuo. Coisa que, diga-se de passagem, nem todo mundo entende bem. Capricórnio, por sua vez, é ambicioso por excelência e não costuma dar ponto sem nó. Suas escolhas afetivas refletem bem seus interesses práticos, que envolvem decisões de médio e longo prazos.

Em todos os casos, o que se verifica é a grande importância dada aos aspectos racionais, ponderados e convenientes dos encontros amorosos. Amores do tipo Romeu e Julieta, que dão muito trabalho, não constituem a preferência natural de um tipo sensorial.

Terra e *ludus*

Que a terra não brinca direito fica claro quando nos damos conta de que o fogo é sua função sombria. O problema em si não é saber jogar, mas não se dispor a isso. O tipo terra não vê muita praticidade em perder tempo com artimanhas sedutoras, se cansando facilmente do que lhe parece pouco funcional. Quando o alvo amoroso começa a fazer joguinhos provocativos, a terra – normalmente insegura – tende a desistir, interpretando algumas brincadeiras como falta de interesse. Dou um exemplo usando o elemento oposto como contraste: se a outra pessoa não atende ao telefone, o fogo encara isso como um desafio que torna tudo mais excitante. A terra, ao contrário, inclina-se a desistir, interpretando o ato como falta de interesse da outra parte. Assim sendo, pense duas vezes antes de fazer jogos com pessoas muito terrestres. Elas simplesmente tendem a achar que você as está tomando por ridículas ou que não está interessado. Pensou em paquerar outros só para fazer ciúme? Capaz de não encontrar a terra em casa na volta!

Dentre todos os signos desse elemento, *touro* provavelmente é o mais lúdico, até porque tem tanta necessidade de satisfação física imediata que não se importa de entrar na brincadeira – contanto que não dure tanto tempo assim. *Virgem* e *capricórnio* são ciosos demais da própria dignidade e correm o risco de levar as brincadeiras a sério e se ofender no processo.

Terra e *philia*

Dentre todos os signos de terra, *capricórnio* provavelmente é o mais inclinado à face *philia*. Regido por Saturno, aprecia a ideia de um relacionamento pautado na amizade e na confiança mútua. Em geral, as relações juvenis são marcadas por competição e joguinhos, e as pessoas mais velhas aprendem a valorizar a amizade acima de tudo. Capricórnio é velho até quando adolescente, daí sua inclinação natural à *philia*.

Vênus em virgem não é exatamente avesso à ideia de uma relação pautada na amizade, mas se posiciona de forma muitas vezes servil em relação ao ser amado. A *philia* implica uma relação de justa troca, não uma situação em que um serve e o outro é servido. *Vênus em touro*, por sua vez, é um tipo excessivamente ciumento e possessivo, o que dificilmente combina com o amor-amizade. Touro, via de regra, se porta de modo ciumento até com os amigos, como se namorados fossem.

Terra e *agape*

Vênus em virgem é um posicionamento que muito favorece a vivência do amor compassivo, do amor-*agape*. Apreciando especialmente a ideia de servir o ser amado, virgem tem um quê de "enfermeiro", de "médico", que expressa o afeto a partir de atitudes práticas, dedicadas, generosas. O tipo em questão não é muito hábil em expressar o que sente em palavras, tem algo de tímido e desconfiado, chegando a se sentir um tanto ridículo quando se expõe emocionalmente. Prefere demonstrar seus sentimentos fazendo coisas e se dispondo a sacrifícios que a maioria das pessoas não é lá muito capaz de fazer. Apesar de não ser prioritariamente *agape*, *capricórnio* é igualmente disposto a atitudes sacrificiais em prol do ser amado, embora estabeleça limites internos precisos para o que está disposto a suportar e fazer. *Touro*, em compensação, costuma pensar muito em termos de ganhos pessoais: "Se eu fizer isso, ganho o que em troca?", costuma replicar. Se um tipo taurino clássico for seu amante e lhe fizer um favor, tenha certeza de que espera reconhecimento, não no sentido leonino (receber elogios), mas em um sentido bem mais concreto. Preferencialmente sexo, é claro.

Terra e *eros*

Todos os signos de terra vibram em uma frequência fortemente erótica, o que é bem natural, já que estamos falando de uma função psíquica sensorial. Abordar o mundo a partir dos sentidos e relacionar-se eroticamente com ele é uma propriedade terrestre. Mas, sem dúvida, quem melhor representa o amor-*eros* é *Vênus em touro*, um dos mais sensuais de todos os posicionamentos astrológicos. Adorando sexo e tudo o que diz respeito à satisfação dos sentidos, touro rejeita amores platônicos e qualquer coisa que não lhe traga prazer – de preferência imediatamente!

Virgem e capricórnio, sendo igualmente terrestres, também dão muito valor à satisfação sensorial, mas isso fica em segundo plano diante de outras prioridades. Capricórnio é mais amigo que erótico, e Virgem, mais cuidador que sedutor. Uma coisa não cancela a outra, mas as prioridades são um pouco distintas daquelas de touro.

Lidando com a terra

Em primeiro lugar, é preciso ter ciência de que a terra tem o fogo como função sombria. Assim sendo, não é incomum que o tipo terra projete no outro todos os aspectos inconscientes de si mesmo. Poderá acusar esse outro de irresponsável por vezes seguidas, ou mesmo transformá-lo em seu alvo de desconfiança, sobretudo se fizer algo que pareça, ainda que levemente, fora da rotina. Como o fogo é o "inimigo interior" da terra, seu simples ato de, digamos, mudar de academia traz consigo a desconfiança terrestre de que há um novo amor na nova academia. *Afinal, para que mudar?*, pensará a terra. Ter paciência com tais desconfianças até que o indivíduo se sinta confortável faz parte do jogo. Mas, se você realmente tem inclinações infiéis, melhor nem se relacionar com esse tipo. A mágoa resultante será enorme e não valerá a pena. Em compensação, se busca uma parceria estável e está a fim de construir uma vida sólida com alguém, a terra é o tipo certo para você, e vai lhe pagar a confiança com grande dedicação, estando a seu lado do jeito que declaram os casamentos tradicionais: na alegria e na tristeza, na saúde e na doença.

Ao se relacionar com o tipo terra, você precisa estar disposto a ajudá-lo a lidar com os próprios medos e com a crônica dificuldade de mudança. Não adianta forçar os processos com terapias de choque. Há quem se equivoque e creia que jogar a pessoa no meio do oceano, se ela tem medo de água, servirá para alguma coisa. De fato, servirá: para ela morrer de ódio de você e ficar amuada por uns bons meses, lembrando-se constantemente do ocorrido, até quando nem você se lembrar mais. Sugiro que comece com surpresinhas inocentes e nada perigosas: organizar uma festa de aniversário surpresa, por exemplo, ou comprar um pacote de viagem para um lugar inusitado sem avisar. Ainda que fique um tanto irritado com a falta de controle da situação, o tipo reagirá bem a tais movimentos inesperados, porém nada perigosos.*

---

* No entanto, convém verificar se a pessoa em questão manifesta algum horror específico. Se o ser amado é paranoico com a cultura islâmica, comprar uma passagem para o Kuwait sem avisar pode enchê-lo de terror, em vez de gratidão.

Há ao menos uma situação, contudo, que tende a trazer muito sofrimento para quem se relaciona com um tipo terra: quando o terrestre está preso a um casamento falido, mas demonstra dificuldade em sair dele. Muitas coisas ajudam a manter relações falidas, no caso desse tipo. Em primeiro lugar, o já citado medo da mudança. Some a isso o senso de responsabilidade desse elemento, sobretudo se existirem filhos envolvidos. Por fim, há a preguiça de resolver toda a montanha de questões burocráticas e práticas que envolvem uma separação. Por isso, é comum encontrarmos indivíduos terrestres presos a relações infelizes. Medo, culpa e preguiça constituem uma trindade terrível em casos assim. Só muita paciência (e amor) pode ajudar o outro a superar tudo.

Quanto às mudanças, mesmo as boas precisam ser planejadas e consultadas. No que tange à terra, coisas novas não são necessariamente melhores que as velhas. Se deseja se mudar para um apartamento melhor, tem de saber que, ainda que o novo lugar seja muito melhor, é bem possível que a terra resista. Afinal, o antigo bairro é *conhecido*. É preciso também recordar que o tipo sensorial se relaciona com o mundo a partir de uma perspectiva muito particular, sinestésica, na qual sutilezas como odores, cores, sons e texturas do antigo bairro fazem com que ele não queira se mudar de jeito nenhum. Não ache isso ridículo, e saiba que um dos motivos para ele não querer se mudar pode ser o cheiro de jasmim liberado no antigo bairro. Recomendo vivamente que todas as mudanças sejam discutidas com muita calma pelo casal e que considerem esses detalhes tão importantes para a terra.

De resto, a terra é a melhor companhia para tomar um bom vinho. Como você pôde verificar no início do capítulo, o tipo sensorial adora relacionar-se com o mundo a partir de um contato direto. Tocar e ser tocado, amar e ser amado é a parte mais legal de lidar com a terra. Até porque, dentre todos os elementos, é o que melhor se relaciona não apenas com o próprio corpo, como também com o do parceiro. A terra compreende muito bem como o mundo físico funciona e normalmente não se importa com os inevitáveis processos de envelhecimento. Sabe-se bem que a juventude é um "bem de depreciação". Ficamos velhos, engordamos, perdemos nossos lindos cabelos, os seios caem, e nem todo mundo lida bem com essa situação. Esse tipo, em compensação, não só sabe muito bem que isso faz parte da vida, como não permite que seu amor míngue por tão pouco. Parece incrível, mas nesse sentido o elemento mais material é também o mais espiritual. Delicie-se com ele!

17
O AMOR CONJUGADO PELA ÁGUA

Ao se deparar com o cálice que mostrei aos outros três elementos, a primeira reação da água é tentar captar as verdadeiras intenções de minha pergunta. Não importa apenas que eu tenha lhe perguntado: "O que é isto?" Ela precisa, mais do que só responder, descobrir o que pretendo. A segunda reação é inevitável: ela prontamente passa a se lembrar de uma série de situações do passado, quando cálices de vinho tiveram alguma relevância. Talvez se recorde de um antigo namorado particularmente interessado em bebidas. Após a defesa emocional inicial, a água faz como a terra: toma o cálice nas mãos e experimenta o conteúdo. Mas, em vez de relatar as sensações, odores, texturas e outras impressões físicas, simplesmente me responde: "Gostei". E, com uma simples palavra, resume a experiência a tudo o que realmente lhe importa: gostar ou não.

Não que seja um elemento "simplório", longe disso. Sob diversos aspectos, é o mais complexo deles, por ser um dos únicos que ousa ir além da aparência e da lógica. O fogo faz o mesmo, mas costuma pecar por uma visão demasiadamente otimista de tudo. A água, ao contrário, entende muito bem algo que Michel Foucault disse tempos atrás: não existe caminho ideal, mas sempre fazemos uma escolha entre perigos. Não é de estranhar que Foucault tivesse ascendente em escorpião. Alguns dirão que a água é pessimista, outros compreenderão sua abordagem como realista, mas o que importa é que ela está sempre atenta a perigos. Esse sentido inato, é claro, não a impede de se enganar.

A água conta com uma simbologia especial no âmbito dos relacionamentos humanos. Observe que trocamos gases (ar) com os outros o tempo todo, sejam entes queridos, sejam inimigos ou completos desconhecidos. Só o fato de sairmos às ruas nos leva a trocar ar com outras pessoas. As moléculas que num instante estavam em meus pulmões são aspiradas por quem está perto de mim e vice-versa. Calor (fogo) é outra coisa que trocamos involuntariamente com os indivíduos que nos estão mais próximos. Mas fluidos (água) são substâncias que só trocamos em situações bastante íntimas: nas relações sexuais. Além disso, os líquidos se manifestam também em momentos de forte emoção. Suor e lágrimas são sinais de que estamos agitados e/ou emocionados. O elemento água traduz, portanto, a simbologia da vida emocional, do sexo e da intimidade.

Além de todo o exposto, esse elemento também tem outra peculiaridade: é o único capaz de simular os outros. Se demasiadamente aquecida, se converte em vapor e partilha o mesmo estado do ar (gasoso). Pode ficar dura como pedra (terra), quando em forma de gelo. E pode queimar como o fogo, se estiver fervendo. Ela tem esse estranho poder de mudar, mas permanecer a mesma. Daí é fácil compreender por que o tipo água parece tão misterioso e camaleônico. Em seu estado mais usual em nosso planeta (líquido), a água é o único elemento capaz de funcionar como espelho, permitindo-nos a visão de nosso próprio reflexo. E, de fato, a interação com um clássico indivíduo desse tipo é curiosa porque – de modo bem inconsciente – ele reflete nossa própria personalidade. É difícil manter a objetividade quando lidamos com alguém que espelha tão facilmente nossos próprios traços comportamentais.

Água que nasce da fonte serena do mundo...

A água está associada à função psíquica que Jung chamava de "sentimento" e representa também o que os médicos antigos batizaram de "temperamento fleumático". Todavia, a associação desse elemento com as funções emocionais costuma acarretar boa dose de confusão. É bastante comum o equívoco de interpretar a água como um tipo sentimental, choroso, que está sempre expressando suas emoções. Desfaçamos esse engano: quem faz esse burburinho é o fogo. Na prática, o que se pode verificar no tipo sentimental/fleumático (sobretudo nos signos de câncer e escorpião) é um comportamento cauteloso, emocionalmente reservado, até mesmo contido e aparentemente indiferente. Sob diversos aspectos, a água parece *bem* racional, e isso se explica pela ação de sua função psíquica sombria: o ar. Perfeitamente ciente do que pode ocorrer se colocar os monstros para fora, a água aprende a refrear a intensidade de seus sentimentos, podendo até mesmo passar como fria para muita gente desavisada. Com suas poderosas antenas sensitivas, esse elemento está continuamente captando as correntes emocionais nos ambientes, e é o único que atenta para algo que os outros costumam subestimar: o poder das emoções alheias. O ar se fia na lógica e no que a teoria diz; o fogo, na confiança de que tudo tem razão de ser, um sentido oculto; a terra se fia naquilo que se apresenta como real e objetivo. Mas os três podem quebrar a cara se ignorarem o submundo das emoções, dos ressentimentos, dos afetos, das preferências. A água não é nada boba. Ela sabe que não existe "imparcialidade" ou "objetividade" neste mundo.

Outra peculiaridade desse elemento consiste no fato de ser o que melhor exemplifica o poder da vontade concentrada. Em geral, as pessoas cometem o erro de achar que o fogo é o elemento "mais poderoso", sendo que, na verdade, é apenas o mais brilhante. A água apaga o fogo, mas este nada pode fazer contra a água, a não ser evaporá-la – e ela volta ao estado líquido assim que possível. A água passa pelo ar e ele nada pode fazer, mas nós não podemos respirar debaixo d'água. Ela fura a mais dura pedra, fertiliza a terra ou a transforma em lama, mas nem a maior das rochas é capaz de fazer algo contra ela, a não ser represá-la temporariamente. Nem que se passem milhares de anos, em algum momento ela vai vencer. E disso podemos tirar a maior qualidade desse elemento: a tenacidade, que se manifesta quando um desejo surge de modo concentrado, assim como o poder de se adaptar. Mesmo peixes, que, por ser mutável, não é lá muito concentrado, apresenta força inquebrantável quando canaliza seus desejos em uma dada direção.

Assim como o elemento ar se destaca dos demais por ter representações imagéticas exclusivamente humanas, a água chama a atenção pelo exato oposto: todos os signos desse elemento são representados por animais. Os signos de fogo têm representante meio humano (sagitário), e a terra apresenta pelo menos um componente humano (virgem). A água, por sua vez, não tem nenhum. Representa, portanto, o mundo das energias instintivas, irracionais. Se o ar, seu oposto psicológico, costuma reagir às coisas a partir de ideias preconcebidas e parâmetros lógicos, a água é bastante imprevisível, reagindo a tudo a partir de sutilezas não necessariamente racionais, mas substanciadas em impressões.

Esse elemento traz consigo o melhor e o pior da função psíquica sentimental. Por um lado, é sensível a sutilezas, tem capacidade de compreensão e um notável dom de captar as necessidades alheias. Por outro, inclina-se a medos irracionais, desconfianças exageradas e pode perder uma energia preciosa com ressentimentos desnecessários, remoendo coisas que já passaram. A falta de objetividade pode conduzir a problemas de erros de interpretação ou mesmo de dinâmicas projetivas crônicas e difíceis de ultrapassar. Relacionando-se com as pessoas por meio um jogo de espelhos, a água está continuamente projetando e recebendo projeções dos outros. Ninguém se relaciona "objetivamente" com ninguém, é bem verdade, mas o grau de fantasia elaborado por esse elemento é de uma intensidade que pode ser pouco salutar. Quando esse tipo se apaixona, nunca é demais perguntar: "Você se apaixonou por fulano ou por alguma fantasia específica projetada sobre ele?" Como não apenas projeta, mas também recebe projeções e se adapta a elas, outro ponto vale ser questionado: A água está sendo vista como é, ou está se adaptando à fantasia alheia com a finalidade de seduzir?

Ainda no que tange aos relacionamentos, uma característica muito forte diz respeito à inclinação do tipo para ser solícito. Dedicado e voltado para as relações, sua grande fantasia secreta envolve a ideia de fusão absoluta com o ser amado. Os limites entre o "eu" e o "tu" se dissolvem, evocando um "nós" cujos limites são indefinidos. Não é difícil imaginar o efeito colateral dessa inclinação: o sufocamento. Via de regra, o tipo sentimento é acusado de ser extremamente devorador em suas relações, custando-lhe entender por que as pessoas amadas estão se queixando de sua tão generosa disposição para ajudar. Capaz de criar uma intimidade poderosa em pouco tempo, a água, no entanto, nem sempre se dá limites e termina criando situações incômodas justamente por sufocar a outra pessoa – sobretudo se o outro for fogo ou ar.

A sombra da água

Se a água representa a função psíquica do sentimento, o ar é seu exato oposto, por associar-se à função pensamento. Por isso, projeta sua sombra (o ar) nas relações e tende a acusar os outros de se deixarem limitar pela mera razão. Também não é incomum que se irrite com o que chama de "volubilidade" alheia. O ar é volátil e pouco coeso, e poucas coisas irritam mais a água que a dificuldade em apreender e agarrar o outro. Pessoas que desaparecem, que ignoram sentimentos e que se contradizem costumam ser muito comuns na vivência do tipo água, até porque esse elemento termina "puxando" tais características nos parceiros. A sombra aérea leva o tipo a cobrar coerência das pessoas. Só que nem mesmo a água é um exemplo de "coerência", sendo mais movida por impulsos emocionais que racionais.

Por ter o ar como sombra, não é de estranhar que a água tenha problemas com a razão. Seja tendo "surtos" de super-racionalidade, analisando tudo como se dissociada de si mesma, seja submetendo-se a ideias fixas produzidas por seus apegos, desconfianças e fantasias (o mais comum), a água parece por vezes apenas "afogada" em obsessões difíceis de dissolver, as quais podem ser manias, dogmas ou ainda vinculações relacionais que não lhe servem mais. Esse é decididamente o elemento com mais dificuldade de "virar a página", permanecendo muito tempo em situações emocionais pouco saudáveis. Por ser um tipo que espelha os outros, corre o risco de não ver objetivamente as necessidades alheias, interpretando as situações a partir do seguinte raciocínio equivocado: "Se eu estou feliz, ele também está". É um tremendo choque quando o tipo descobre que se enganou.

Por carecer de objetividade, a água parece atribuir significado real apenas ao que para ela tem significado emocional. Submetendo as coisas a seus gostos, deixa de enxergar o mundo de forma mais ampla. Do mesmo modo que o ar precisa deixar de lado o mundo de teorias belas e irreais para dar mais atenção ao que realmente sente, a água necessita compreender que, a despeito do que sente, há um mundo objetivo além de seus meros gostos e desgostos particulares.

Água e *pathos*

Pathos é uma face do amor muito poderosa no elemento água, sobretudo nos posicionamentos de *Vênus em escorpião e em peixes*. No primeiro caso, destaca-se a intensidade com que escorpião se apaixona, vivenciando tal processo como algo que chega a adoecê-lo quando não há correspondência. Injustamente acusado de sofrer de excessos sexuais, mais correto seria dizer que esse signo sofre de excessos *emocionais*. Em realidade, a sexualidade escorpiana depende muito da intimidade emocional. *Vênus em peixes*, por sua vez, é especialmente comandado por paixões e correntes emocionais intensas, indo facilmente do paraíso ao inferno e apresentando – como nos outros casos de *Vênus em água* – inclinação para a autoanulação em função de relacionamentos. Apesar de também pertencer ao elemento água, *câncer* é por demais pragmático e preocupado com segurança para se deixar levar por paixões irracionais.

Água e *pragma*

Entre os signos de água, *câncer* é o mais inclinado a dar atenção a questões como "conveniência", "praticidade" e "segurança", fazendo jus às suas motivações íntimas que favorecem a estrutura familiar. Ainda que possa sofrer surtos de apaixonamento (como já vimos, ninguém está imune), câncer é por demais cioso de suas responsabilidades para se deixar levar e pôr em risco estruturas tão dedicadamente construídas.

Escorpião e *peixes*, ao contrário, são apaixonados em excesso e bastante inclinados a ser vitimados por relacionamentos pouco práticos. Ainda que peixes tenda mais a isso que escorpião, e por mais que esse último signo valorize a segurança emocional, poucas coisas o desestruturam mais que paixões arrebatadoras.

Água e *ludus*

Câncer é um dos signos que melhor sabem jogar com as emoções alheias. Do mesmo modo que o caranguejo dança pra cá e pra lá, andando lateralmente e parecendo nem se importar com a isca até agarrá-la, câncer seduz com primor, agindo de forma indireta, até que sua presa se perceba "fisgada" e quase sem possibilidade de escape. *Escorpião* e *peixes* também costumam lidar bem com a face lúdica do amor, sendo tipos bastante sedutores. *Vênus em escorpião*, contudo, estabelece limites poderosos para seus joguetes, pois perde o humor com relativa facilidade. *Vênus em peixes*, por sua vez, se enrosca em seus próprios jogos e acaba acreditando nos teatros que faz.

Água e *philia*

A *philia* não é uma face do amor à qual esse elemento esteja acostumado, embora não lhe seja absolutamente impossível vivê-la. A água tem, entretanto, certa dificuldade em conversar com seus parceiros amorosos com a mesma abertura de espírito com que conversa com os amigos, o que termina por criar uma barreira muito difícil de transpor. A desconfiança inata do tipo sentimental o leva sempre a achar que o outro está tramando algo. "O que você quis dizer com isso?", costuma perguntar a água diante do mais inocente dos comentários. Como tudo que o outro diz parece ter motivação oculta, fica difícil vivenciar a *philia*.

Água e *agape*

A inclinação ao sacrifício é muito poderosa em todos os signos de água, embora seja mais notável em *Vênus em peixes*, cuja natureza de fato ultrapassa motivações egoístas e é capaz de fazer coisas sem considerar a possibilidade de ganho pessoal. Poucos signos são mais assistenciais e desprendidos que peixes. E, apesar de *escorpião* e *câncer* serem igualmente bem-dispostos a realizar sacrifícios pela pessoa amada, em escorpião tais sacrifícios costumam ser "jogados na cara" como forma de sequestrar emocionalmente a pessoa. Já em câncer, o procedimento pode ser tudo menos realmente altruísta, já que está condicionado ao fato de a pessoa pertencer a seu nicho familiar.

Água e *eros*

Escorpião é o signo de água erótico por excelência. Vale salientar, contudo, que esse erotismo não se sustenta pela mera atração física, mas depende bastante do envolvimento emocional. É bastante comum, inclusive, que pessoas de *Vênus em escorpião* costumem se sentir mal diante da possibilidade de fazer "sexo por sexo", pois as interações físicas costumam afetá-las emocionalmente. Esse mesmo poderoso entrosamento emocional decorrente do sexo costuma ocorrer com *Vênus em câncer*. Por sua vez, *Vênus em peixes* é um posicionamento caracterizado por grande disposição à experiência sexual, ainda que sem a mesma possessão e o apego de seus irmãos escorpianos.

Lidando com a água

Ao ter ciência de que o ar é a função psíquica inconsciente dos tipos água, você já fica sabendo que provavelmente será tido como alguém fugidio, sempre prestes a escapar pela janela e nunca mais voltar. Projetando a sombra do ar nas relações pessoais, a água enxerga nos outros os demônios interiores que nela habitam. Ainda em decorrência dessa projeção sombria, é bastante comum que a água insista também em um ponto bem capaz de assumir teores ofensivos: ela parte do pressuposto de que os outros mentem. Especialista em encontrar contradições no discurso alheio, muitas vezes enxerga mais ambivalências do que efetivamente há e corre o risco de se comportar como um policial interrogando o suspeito. Esse comportamento aquático pode ser deveras cansativo, principalmente quando a pessoa não percebe que está vítima de seus próprios medos irracionais.

A água fantasia que você e ela derreterão suas respectivas individualidades e se fundirão em um novo ser capaz de reunir as duas essências. Ainda que eventualmente você possa gostar dessa fantasia, ela é impossível de ser sustentada para sempre. Haverá momentos, afinal, em que você tem de ser você, separado da pessoa amada. E esses momentos de separação são sentidos pela água como especialmente traumatizantes, a ponto de se sentir traída e, é claro, se ressentir e jogar isso na sua cara por meses a fio. "Lembra o que você me fez em fevereiro de 2004?" é algo que não soa nada estranho quando nos relacionamos com o tipo sentimental. E ai de você se tentar fazer piada com isso! O melhor é mesmo tolerar e se esforçar para trazer a pessoa para o presente.

Ao se relacionar com o tipo água, é preciso estar disposto a auxiliá-lo a superar suas paranoias crônicas, sua tendência a enxergar motivações ocultas em todos os cantos. O pior da paranoia, afinal, é que ela sempre encontra justificativas falsamente racionais para se validar. Se a água acha que você tem um amante, encontrará todos os indícios dessa teoria, ainda que no fim das contas não passem de má interpretação dos fatos. Sem contar que talvez você realmente não tenha amante. A água parte do pressuposto de que todos são culpados até prova em contrário. Isso é algo que tende a melhorar muito com o tempo e a maturidade, vale dizer, mas ainda assim você terá de lidar bastante com essas cenas.

Como a água costuma se moldar ao recipiente, não é difícil se relacionar com ela. Ela se ajustará a seu estilo de vida com grande facilidade e se dedicará a você com intensidade admirável. O problema é que, com o tempo, ela cobra por isso – e não é pouco! Lembre-se de que a água é um poderoso solvente. Não importa quanto tempo passe, ela dissolve até o ferro. Fantasia, portanto, que dissolverá você dentro dela e, por isso, submete-se à adaptação. Não é incomum que, com o passar dos anos, o tipo sentimental se queixe de tudo o que deixou de viver em sua função. E não adianta argumentar que isso não foi exigência sua. Lembre-se de que, com a água, conversas racionais mais irritam que surtem efeito. Melhor apelar para emoções. Você conseguirá mais desse elemento expressando o que sente do que sugerindo uma conversa razoável.

Envolver-se com alguém de água costuma ser uma experiência única. Sedutor, o tipo sentimental não poupa esforços para viabilizar relacionamentos profundos e íntimos com a pessoa amada. Assim como as ondas, torna-se mais forte principalmente quando parece recuar. Por refletir as imagens em seu espelho aquático, capta com facilidade as fantasias alheias e se dedica a realizá-las, apegando-se e tornando-se fundamental à vida do ser amado.

Ao lado da água, beber taças de vinho é bem mais simples: é para apreciar, é para viver. Chega de análises. Com a água, você goza a vida!

18
ELEMENTOS ASTROLÓGICOS E OS TIPOS MISTOS

É extremamente raro encontrarmos estruturas astrológicas que remetam aos tipos puros, vistos nos quatro últimos capítulos. Na astrologia, assim como na natureza, a miscigenação é o mais comum. Encontraremos com facilidade combinações variadas dos elementos – em geral, os indivíduos apresentam um ou dois mais fortes e um mais fraco. Costuma-se dizer que o sujeito possui uma função psíquica mais ativa, simbolizada pelo elemento dominante, uma ou duas adicionais e uma inferior, simbolizada pelo elemento menos presente no mapa. Essa função psíquica inferior provavelmente se projetará nos outros, na forma de incômodos e defeitos que o sujeito percebe como repetitivos nas pessoas de sua intimidade. À medida que o indivíduo amadurece, paulatinamente integra o "elemento inferior" à sua experiência de vida e passa a projetar menos os seus próprios "demônios" nos outros.

A afirmação "elemento que falta" não é muito adequada, considerando que todos nós possuímos os quatro elementos.

O que se pode verificar é a exaltação de um em detrimento de outro. Ressalto também que não há elemento, tampouco combinação, melhor ou pior. O que há são problemas diferentes. Podemos dizer que algumas combinações elementais em uma mesma arquitetura astrológica são mais contraditórias que outras (como as combinações fogo + água ou ar + terra). Ainda assim, tal contradição recorrentemente se manifesta como criatividade e mais recursos disponíveis para manejo da realidade e dos relacionamentos. As "combinações coerentes" (como água + terra, por exemplo) são de convivência mais fácil e menos dadas a comportamentos contraditórios, mas tendem a ser menos manejáveis nos relacionamentos.

A seguir, você vai conhecer as combinações elementais possíveis e algumas interpretações relevantes. Para conhecer sua combinação elemental, basta acessar www.personare.com.br/os-seis-caminhos-do-amor e fornecer seus dados de nascimento. Você vai ver também exemplos de pessoas famosas nas mais diferentes áreas. Estudar a biografia delas vai lhe permitir verificar como funciona a combinação dos elementos na vida prática.

> **Fogo + água** = sentimento intuitivo / intuição sentimental
>
> - **No positivo:** a alma da festa
> - **No negativo:** a encrenca encarnada

Na combinação fogo e água, nos deparamos com várias contradições fundamentais. Ainda que ambos sejam especialmente subjetivos e partilhem a característica comum de perceber nuances que aos outros passam despercebidas, é inevitável perceber que o fogo evapora a água, e ela, por sua vez, pode apagá-lo. Do que tiramos, portanto, os dilemas (e riquezas) a seguir comentados.

Dividido entre a capacidade de visualizar um futuro brilhante que demanda desafios (fogo) e uma fixação pelo passado decorrente de medo ou de apego (água), o indivíduo sente dificuldade de vivenciar o presente. Isso se traduz como falta de objetividade (ar) e dificuldade em colocar suas notáveis inspirações criativas em prática (terra). Verifica-se também forte oscilação de humor entre afeto e agressão, entre sociabilidade e desejo de preservar a privacidade, flutuação essa que termina por afetar seus relacionamentos. Se mais orientado pelo fogo, o indivíduo se expõe incessantemente, mas se mostra incoerente ao se ressentir das opiniões alheias sobre sua intimidade. Se mais orientado pela água, ressente-se do fato de as pessoas não entenderem sua sensibilidade. "Parem de me julgar!", reclamará o indivíduo fogo + água, após passar dias a fio expondo a vida em redes sociais. Esse horror ao julgamento deriva de sua dificuldade em integrar o ar à dinâmica de seu próprio jogo pessoal. Não obstante esse horror, o tipo fogo + água julga. E sem parar.

Nos homens, essa combinação se manifesta como uma invulgar sensibilidade feminina, tanto quanto nas mulheres sugere independência e sensualidade algo agressiva. Em ambos os sexos, trata-se de um tipo carismático, dotado de alta capacidade de manipulação (para o melhor e para o pior) das emoções alheias. Sedutores, eróticos e apaixonados, os tipos fogo

+ água têm ao menos um sério problema no que tange a seus relacionamentos: a paz é interpretada como morte. Não raro, criam problemas apenas porque está tudo "muito parado" e são um tanto viciados em sedução e paixão, o que pode incorrer em problemas relacionais se a pessoa não souber se dar limites. Evidentemente, nem todos lidam bem com esse traço comportamental, embora o tipo tenda a melhorar bastante com o passar dos anos e aprenda a canalizar sua criatividade de modo mais útil.

Da dificuldade em estabelecer limites a si mesmo (terra) decorre a tendência à intensidade, a levar as emoções às últimas consequências, a fazer promessas que não consegue cumprir e grande habilidade para fazer inimigos. Viver continuamente no limite tende a ser desgastante, não apenas para si como também – e principalmente – para suas relações íntimas. Oscilando continuamente da delicadeza à grosseria e alternando entre uma subpersonalidade amistosa e outra reservada, não é fácil conviver com o tipo fogo + água, embora em diversos momentos possa ser muito divertido. Isso porque poucas combinações são mais propensas a se divertir (e divertir os outros) do que essa.

Relacionar-se intimamente com um clássico indivíduo desse tipo é estar preparado para lidar com alternâncias entre comportamento carinhoso e agressivo, entre carência e desejo de liberdade. De um lado, uma dedicação extrema e afetuosa; de outro, uma queixa constante: "Você está me sufocando!" À parte tais altercações, o tipo fogo + água é fácil de lidar, demandando apenas um pouco de paciência e sabedoria para deixá-lo em paz quando estiver precisando de espaço. Diante de tudo isso, é inevitável aconselhar: não se mora com alguém fogo + água em um espaço pequeno. Ele se espalhará pelo ambiente de modo tão profuso que você se sentirá acuado. Em compensação, poucas pessoas são mais divertidas e encantadoras quanto as desse tipo. A capacidade de preencher a vida com cores mais intensas as torna uma companhia e tanto, permitindo que você se sinta mais vivo, mais indignado, mais apaixonado.

Na esfera relacional, o tipo fogo + água apresenta como *principais queixas* as decorrentes de sua sombra ar + terra: acusa as pessoas de serem "sem sal", "sérias demais", "sem humor", "covardes", e usa bastante uma de suas ofensas favoritas: "recalcadas". Enquanto não amadurecer psicologicamente, o tipo projetará essa sombra em seus relacionamentos, tendo de fato de lidar com a hesitação alheia e com uma atração especial por pessoas que recalcam os próprios sentimentos.

Exemplos: Angelina Jolie, Vera Fischer, Sinnéad O'Connor (cantora), Lady Gaga, Caetano Veloso, Steven Spielberg.

Fogo + **terra** = sensação intuitiva / intuição sensorial

- **No positivo:** o executivo
- **No negativo:** o trator humano

A combinação entre esses dois elementos também expõe intensas contradições, talvez até maiores que no caso fogo + água, uma vez que o fogo e a terra são elementos psiquicamente antagônicos. Orientado para o mundo do espírito (fogo), mas apreciando demais a dimensão material (terra), o indivíduo permanece no limbo entre dois mundos, por vezes se sentindo fendido entre duas abordagens existenciais tão distintas. Não raro, porta-se como cético em grupos espiritualistas e faz discursos espirituais em ambientes materialistas, tendo impacto provocativo em quase todas as suas relações sociais. O fogo inclina o indivíduo para uma postura progressista diante da vida, manifestando traços aventureiros e ousados. Já a terra o inclina a uma postura conservadora, priorizando a cautela e a preservação. Dividido entre as duas, esse talvez seja o tipo psicológico mais capaz de encontrar um caminho do meio quando atinge a maturidade – embora, no processo, oscile bastante e confunda as pessoas. Relacionar-se com um tipo fogo + terra é lidar com alguém que de fato oscila entre ideologias vanguardistas e comportamentos conservadores.

A vitalidade do fogo se une à concentração da terra, sugerindo alto poder de realização em qualquer atividade à qual o indivíduo se dedique. Não raro, prioriza a vida profissional em detrimento da sentimental e termina por receber queixas de seus relacionamentos íntimos. Em decorrência da dificuldade de integrar o elemento água a seu conjunto, o tipo costuma assumir comportamentos impiedosos e pode ser pouco empático, tendo muita dificuldade de lidar com as fraquezas (próprias e alheias). Já a dificuldade com o elemento ar o leva a julgar de maneira precipitada e a ter reações de simpatia e aversão muito intensas diante dos outros. Pode ser tão rígido em seus apegos e antipatias que termina por manifestar dificuldade de adaptação e aguda intolerância em relação a quem o incomoda.

À parte tais desafios que, repito, não são "maiores" ou "menores" nessa ou naquela combinação, o tipo fogo + terra costuma manifestar altíssima fidelidade a seus entes queridos, assumindo responsabilidades com prazer e não se furtando a demonstrar afeto de modo bem prático. Desconfia das palavras fáceis (ar) e, por conseguinte, prefere dar e receber demonstrações concretas de afeto na forma de atitudes que revelam disposição sacrificial (terra).

O maior desafio para um indivíduo fogo + terra reside na necessidade de dar a devida atenção à vida sentimental, aprendendo a expor seus sentimentos. O fato de ter aprendido desde cedo que demonstrar fraqueza é dar munição aos inimigos o leva a um comportamento bastante defensivo e passivo-agressivo. Gosta de se mostrar duro e poderoso e se convence tanto desse personagem que termina por sentir dificuldade em expor suas necessidades emocionais até mesmo para as pessoas amadas – em quem confia, mas sempre com um pé atrás.

Disciplina e força de vontade são os maiores exemplos que esse tipo pode dar em seus relacionamentos. Desse modo, se você ama alguém desse tipo elemental, prepare-se para ser cobrado. Ele vai avaliar se você está dando tudo de si, se está se empenhando na direção que deseja, se está "fazendo corpo mole" etc. A maneira de o fogo + terra demonstrar amor envolve ajudar o parceiro a dar tudo que pode. Fica claro, portanto, que esse tipo aprecia gente ambiciosa. Em contrapartida, você pode ajudá-lo a se permitir amar, tocar, relaxar e simplesmente aceitar que é possível, sim, dar-se um tempo para os prazeres da vida, curtindo por curtir, saindo do circuito de conquistas incessantes e se deixando levar pela paz do momento.

No âmbito dos relacionamentos, o tipo fogo + terra tem como *principais queixas* a projeção de sua própria sombra ar + água: reclama que as pessoas "se fazem de vítimas", "acreditam em contos de fadas", ou repete: "Falar é fácil, quero ver fazer", e está quase sempre preocupado com o fato de outros estarem tentando manipulá-lo emocionalmente. Enquanto não amadurecer, vai projetar sua sombra nos outros, terminando por atrair pessoas que "viajam muito na maionese" e que parecem ter dificuldade para lidar com a realidade.

Exemplos: Madonna, Dilma Rousseff, Paulo Coelho, Antônio Carlos Magalhães, Woody Allen, madre Teresa de Calcutá, Brad Pitt.

> **Ar + água** = pensamento sentimental / sentimento intelectual
> - **No positivo:** o refinado
> - **No negativo:** o frágil

O tipo ar + água esforça-se diariamente para coordenar os aspectos racional e emocional que lutam dentro dele. A partir desse conflito, ar e água buscam a soberania. De um lado, o ar determina a necessidade de avaliações justas e lógicas; de outro, a água insiste em chamar a atenção para impressões subjetivas e pressentimentos. O ar aposta tudo em teorias, no que estudou, no que leu em livros. A água se irrita com o que considera um reducionismo meramente teórico da realidade da vida. O resultado é, de fato, contraditório, mas é dessa contradição específica que flui a maior riqueza da combinação ar + água: sua tremenda sensibilidade intelectual, artística e psicológica. Não é de estranhar que tal tipo perceba sutilezas que aos outros passam despercebidas.

A capacidade de compreensão de ar + água o torna, de fato, um psicólogo natural, capaz de prestar atenção nos outros sem julgá-los de maneira impiedosa. A compaixão é um traço típico dessa combinação, e o tipo costuma se expressar com gentileza e empatia. Coloca-se no lugar dos outros e tem o fascinante poder de saber o que as pessoas estão sentindo, ainda que não se exponham ou tentem se ocultar. A postura na vida do tipo ar + água se inclina mais à compreensão e à busca por entendimento que ao conflito e ao enfrentamento. Em decorrência disso, é considerado muito simpático, mas tem pelo menos um sério problema: o desejo de agradar aos outros pode expor o indivíduo a situações em que é usado e abusado.

O tipo ar + água costuma apresentar dificuldade de se impor e conquistar seu espaço (fogo). Além disso, inclina-se a ter lindas ideias sem muito pragmatismo (terra). Sendo sensível e com inclinações fortemente intelectuais e artísticas, evoca nos outros o desejo de acolhê-lo e de cuidar dele. Romântico, parece situar-se em uma região "entre mundos", apreciando utopias e fantasias. Inteligente e extremamente sagaz em seus contatos sociais, é provavelmente o tipo que mais se interessa pelo tema "relações humanas".

Seu maior desafio consiste em aprender a lidar melhor com a realidade, assim como aprender a impor suas vontades. Corre o risco de ser *tão* compreensivo a ponto de errar na dose e manifestar indulgência e excessiva condescendência com os erros das pessoas amadas. Enquanto o tipo fogo + terra – seu oposto – peca pela impiedade, o tipo ar + água entende e aguenta tudo, evita conflitos e corre o risco de, no processo, se anular em prol dos outros.

Relacionar-se com um indivíduo desse tipo é se dispor a uma viagem estimulante pelo universo dos contos, filmes, músicas, poemas e romances. Ele expressa com facilidade seus sentimentos e igualmente capta os alheios. Ainda que não saiba lidar com muita destreza com os grandes desafios da vida, esse tipo é um bálsamo contra o estresse cotidiano. Talvez seja a combinação elemental mais afeita a relacionamentos – embora, repito, os fantasie por demais e nem sempre veja a pessoa como ela de fato é, adorando projetar fantasias nos outros, exaltando qualidades da personalidade alheia e fazendo vista grossa aos mais evidentes defeitos.

As *principais queixas* do tipo ar + água na esfera dos relacionamentos se referem à sua sombra fogo + terra: acusa constantemente as pessoas de serem "grossas", "impiedosas", "desnecessariamente agressivas", "duras", "inflexíveis" e "utilitaristas". Enquanto não amadurecer psicologicamente, esse tipo projetará sua sombra nos outros, atraindo gente de fato rude e capaz de desconsiderar as emoções alheias, magoando-o bastante.

Exemplos: Fernando Pessoa, Michel Foucault, Mahatma Gandhi, Tom Jobim, Raul Seixas.

> **Ar + terra** = pensamento sensorial / sensação intelectual
>
> - **No positivo:** o razoável
> - **No negativo:** o desencantado

A contradição fundamental existente na combinação ar + terra diz respeito a um conflito entre teoria (ar) e prática (terra). Ainda que fascinado pelo mundo das abstrações e das teses inteligentes, o tipo se preocupa – e muito – com a aplicabilidade. Por conseguinte, costuma lidar com o amor como se este fosse o resultado de fórmulas muito precisas, passíveis de ser desvendadas a partir de uma atenção esmerada. Ao mesmo tempo em que se fascina com os fatores imprevisíveis da vida e do mundo, se apavora e tenta se defender do que não pode controlar pelo desenvolvimento de uma racionalidade poderosa.

Ainda que o ar desgaste a terra, e esta, por sua vez, o sufoque, esses dois elementos se atritam menos do que ar e água, por exemplo. O psiquismo ar + terra encontra no mundo da razão, da ciência, da filosofia e da história seu lastro de segurança. Firmemente ancorado nesse lastro, permite-se interagir com outros seres humanos e, mesmo temendo envolvimentos passionais, se encanta com as diferenças entre as personalidades. Cataloga as pessoas e quer estudar sua psicologia, até mesmo como forma de defesa. Para o tipo ar + terra, conhecimento é poder – e ele gosta de usá-lo!

Os principais desafios no caso dessa combinação decorrem de sua grande dificuldade em lidar com o lado irracional e imprevisível da vida. Ansioso por controle e quase obcecado por racionalizar tudo o que for possível, esse tipo tende a se confundir bastante quando se depara com as próprias necessidades emocionais (água) e com situações que demandam enfrentamento (fogo). Apaixonar-se, para esse tipo, é desesperador. Em vez de se empolgar com tal possibilidade, se apavora. Não é de estranhar que muitos tipos ar + terra se comportem como se não estivessem nem um pouco interessados por alguém, quando na verdade estão apaixonados. A fachada de interesse, no caso, é uma sofisticada forma de fuga. Poucos tipos são mais habilidosos na arte do recalque que essa combinação. Tendem a sofrer bastante quando se dão conta de que nem tudo pode ser explicado pela lógica (ar) ou pela experiência (terra), e que a vida insiste em ser incontrolável e imprevisível. Na verdade, esse tipo é poderosamente controlado pelo medo e, se não vencer essa dificuldade, poderá perder grandes oportunidades na vida em decorrência da insegurança em lidar com o novo, com o que é misterioso ou demanda ousadia.

A melhor parte de se relacionar com alguém desse tipo é que, sendo movido pela razão e pelo que é funcional, esse indivíduo detesta perder tempo com conflitos desnecessários. Simplesmente não faz sentido para ele despender energia preciosa com birras e joguinhos. Priorizando as conversas razoáveis, o tipo ar + terra se esmerará em encontrar um consenso com a pessoa amada. Essa disposição diplomática faz enorme diferença na convivência diária com qualquer pessoa. Sendo bom ouvinte, vai considerar com grande atenção os argumentos da outra parte e vai se esforçar em prol da resolução de eventuais conflitos.

Ainda que careça de traços românticos e possa ser bastante árido na convivência, compensa a falta de "calor humano" com uma boa dose de paz e tranquilidade – qualidades que fazem grande diferença no mundo caótico em que vivemos.

As *principais queixas* do tipo ar + terra no tocante à vida afetiva derivam de sua sombra água + fogo, que projeta nas pessoas, acusando-as de ser "descontroladas", "passionais", "extremistas", "exageradas" e "caóticas". Enquanto não amadurecer psicologicamente, esse tipo de fato atrairá pessoas que entram na sua vida e bagunçam tudo, causando confusão e detonando as possibilidades de paz e tranquilidade.

Exemplos: Johannes Kepler (astrônomo), Stephen Hawking (físico), João Paulo II, Nicolau Maquiavel, Louis Pasteur.

Fogo + **ar** = pensamento intuitivo / intuição intelectual

- **No positivo:** o brilhante
- **No negativo:** o sem-limites

A combinação entre o fogo e o ar, ao contrário das interações anteriores, não apresenta contradição. O ar alimenta a existência do fogo, de modo que estamos falando de duas forças "amigas". Tal ausência de conflito entre os elementos não implica – note bem – falta de conflitos na personalidade. No tocante às outras combinações, o que se observa é um comportamento algo contraditório, como se duas pessoas habitassem o mesmo corpo. Na combinação fogo + ar, entretanto, a personalidade apresenta mais coerência, mas, ao mesmo tempo, tem maior dificuldade para lidar com situações muito diferentes daquelas às quais está acostumada. Observe que, nas outras combinações, sempre há um elemento ativo (ar ou fogo) associado a outro passivo (terra ou água) e, em decorrência disso (e a despeito de conflitos internos), a pessoa lida bem com situações que exigem que ela ora seja mais agressiva, ora mais contida. No caso da interação entre fogo e ar, faltam os elementos "cautelosos", e a pessoa sente dificuldade em se conter – deficiência que pode ser corrigida com a maturidade, é claro.

O tipo fogo + ar é bastante voltado a relacionamentos e costuma ter a vida social bastante agitada, marcada pela capacidade de conviver com pessoas extremamente diferentes. Na verdade, tende a apreciar e preferir essa diferença entre as pessoas, "colecionando" amigos com personalidade totalmente díspares. Age como quem coleciona selos pela variedade e exotismo. Por conseguinte, complicações podem ocorrer quando o tipo decide reunir todos os amigos em um mesmo lugar. Como são absolutamente diferentes entre si, correm o risco de entrar em choque – coisa que o fogo + ar não entende, já que parte do pressuposto algo ingênuo de que as pessoas vão se apreciar mutuamente. É essa mesma inclinação à diversidade que faz com que a única coisa em comum entre os amantes do tipo seja a notável ausência de pontos em comum.

Sinceros e carismáticos, mas ingênuos e um tanto inocentes, tendem a partir do pressuposto de que as pessoas falam a verdade. Por isso, acabam não só chocando os outros com sua sinceridade como também se chocando ao perceber que nem todo mundo expõe o que sente e pensa. Sua visão otimista a respeito do mundo e das pessoas o coloca em seguidas situações nas quais termina quebrando a cara. Com o tempo, os indivíduos desse tipo aprendem a estabelecer limites para a própria credulidade em relação aos outros. Desapontam-se muito ao perceber que a maioria é incapaz de deixar de lado as picuinhas para se unir por um propósito comum.

É impossível deixar de notar a presença de um tipo fogo + ar. Como costuma ocorrer em qualquer combinação que envolva o fogo, a pessoa brilha naturalmente e causa impacto no ambiente. Entretanto, nas combinações fogo + água e fogo + terra, os indivíduos tendem a subitamente se esconder, uma vez que os elementos adicionais os inclinam à introspecção. No caso do fogo + ar, o segundo elemento alimenta o primeiro, e a pessoa está sempre com gás para agir, se expressar, vender ideias, centralizar a atenção dos demais. Relacionar-se com alguém assim tem a vantagem de inibir a rotina, mas é preciso aceitar o fato de que tal indivíduo se espalha tanto pelo mundo e costuma ser tão popular, que será preciso dividir a atenção dele com outras pessoas.

Com dificuldade para ser prático e lidar com limites (terra) e muitas vezes se negando a encarar seus verdadeiros sentimentos (água), o tipo fogo + ar muitas vezes se comporta como se tivesse a obrigação de estar sempre bem e é viciado em animação – por isso gosta de festas e interpreta a tranquilidade como tédio. Relacionar-se com alguém assim é ter de estar disposto a acompanhar seu ritmo muitas vezes alucinante, sendo paciente para ensiná-lo a aceitar ficar parado pelo menos um pouquinho. O fogo + ar foge da tristeza com grande habilidade, mas um dia ela o pega. Por não lidar bem com limites e restrições, costuma projetar a culpa no mundo exterior, acusando os outros de não reconhecerem o brilho de suas ideias, ou de serem egoístas e só pensarem em si mesmos. As *grandes queixas* do tipo fogo + ar em seus relacionamentos derivam da sombra água + terra. Por isso, acusa as pessoas de serem "mesquinhas", "medrosas", "tradicionais demais", "sem humor", "neuroticamente desconfiadas" e "pessimistas". Enquanto o tipo não amadurecer, indivíduos com esses traços de personalidade serão atraídos para a esfera de sua vida íntima.

Exemplos: Marilyn Monroe, Barack Obama, Bette Davis, Cazuza, John Lennon.

> **Terra + água** = sensação sentimental / sentimento sensorial
> - **No positivo:** o profundo
> - **No negativo:** o paralisado

Assim como ocorre na combinação entre fogo e ar, a interação entre água e terra une elementos harmoniosos entre si: a água fertiliza a terra. Em decorrência disso, há mais constância e menos contradições nesse tipo psicológico que reúne dois elementos introvertidos. Mobilizado a mergulhar no mundo das sensações e das emoções, esse tipo – ao contrário de seu oposto fogo + ar – é especialista em economizar energia e agir a partir de critérios cautelosos. Demanda tempo tanto para tomar decisões quanto para se afirmar no mundo, pois internamente sabe que as coisas que têm valor precisam ser bem elaboradas, sem pressa. Como faltam os elementos fogo e ar, pode haver problemas decorrentes da falta de autoconfiança ou mesmo da desconfiança em relação aos outros. Tais dificuldades, contudo, tendem a ser superadas com a maturidade – como ocorre em todas as outras combinações elementais.

O tipo terra + água prioriza qualidade e não quantidade em seus relacionamentos. Ele vai selecionar as pessoas de suas relações a partir de critérios bem estabelecidos e permitirá que poucas tenham acesso à sua intimidade. Por apreciar a solidão e a quietude, não tem a menor paciência para lidar com situações socialmente turbulentas, em que as pessoas não param de falar e estão sempre trazendo novidades e confusão. A combinação entre terra e água se inclina para a defesa contra excessivas novidades do mundo – prefere o que é seguro e conhecido ao que é desconhecido e imprevisível. Isso não quer dizer que não se abra ao novo, mas precisa de tempo para digeri-lo.

Sendo um tipo naturalmente desconfiado, é atraído por pessoas que o façam se sentir seguro, apegando-se fortemente àqueles a quem reconhece como fiéis e dignos. Sua visão por demais realista (alguns consideram pessimista) diante das coisas pode levar o tipo a ser vítima de paranoia, fobias e a sempre esperar o pior dos outros. Como tem uma dura carapaça, é preciso paciência para conquistar sua confiança e intimidade. Com a maturidade, o tipo terra + água aprende a relaxar e a se abrir mais, aprendendo a perdoar os erros alheios. Entretanto, como aprecia a estabilidade, vai preferir lidar com gente que ofereça pouca ou nenhuma surpresa.

O tipo é ainda socialmente discreto e aprecia ajudar os outros com atitudes práticas, além de geralmente ser bom ouvinte. Como se trata de indivíduos bastante ancorados na realidade do corpo e dos sentimentos, costumam ser bastante sexuais e apreciam momentos de intimidade como ninguém. Cientes de suas responsabilidades e dos compromissos assumidos, representam um bálsamo de tranquilidade neste mundo louco em que vivemos. Ainda que se inclinem para a rotina e isso possa ser um tanto incômodo, reagem bem a tentativas discretas de apresentação ao novo – basta que seus parceiros tenham paciência e não forcem nada apressadamente.

A dificuldade em confiar (fogo) e se adaptar (ar) manifesta-se muitas vezes como paralisia ou, pelo menos, lentidão no agir. Relacionar-se com um tipo assim é estar disposto a seguir a vida em um ritmo mais calmo, aproveitando a oportunidade para aprender mais sobre a paz e a quietude que permitem uma contemplação mais profunda da existência. O tipo terra + água peca muitas vezes pela falta de animação e pela preguiça, justamente porque seu padrão energético o inclina mais à economia que ao desperdício. As *maiores queixas* desse tipo derivam de sua sombra fogo + ar. Por isso, o tipo terra + água costuma acusar os outros de "inconfiáveis", "impacientes", "superficiais", "meio malucos" e "infantis". Enquanto não aprender a lidar com a própria sombra, vai atrair para seu campo de ação exatamente esse tipo de pessoa.

Exemplos: Carl Sagan (astrônomo), Elis Regina, Dalai Lama, Shirley McLane, Bruna Lombardi.

A mistura dos tipos

Apesar de ser mais comum encontrarmos pessoas que reúnem em si dois elementos mais poderosos, não é nada raro encontrarmos também indivíduos que contam com um terceiro elemento, ainda que não tão intenso. É o caso do astrônomo Carl Sagan: apesar de ser tipicamente água + terra, ele tem a Lua em sagitário, um signo de fogo. Esse eventual "terceiro elemento" surge como uma espécie de recurso adicional passível de ser evocado.

Bem mais raras são as pessoas que apresentam os quatro elementos bem distribuídos em seu mapa. Elas não são "mais equilibradas" que as outras – podem até ser mais confusas. E *muito* raros são os casos "típicos", nos quais há apenas um elemento predominante e três faltantes.

No que concerne aos relacionamentos, não há combinações melhores ou piores, mas problemas diferentes a ser administrados. E o amor, ao contrário do que muitos divulgam, pode surgir entre pessoas das mais díspares combinações – contanto que haja pelo menos uma afinidade mínima no tocante às faces do amor. Dito de outro modo: uma pessoa água + fogo pode se dar tão bem com uma água + terra quanto com uma fogo + ar. Preferencialmente, é preciso que ao menos *um* elemento surja como ponto de interseção. É raro encontrarmos casais compatíveis sem interseções elementais (como um tipo água + fogo com um ar + terra), pois suas diferenças estruturais são por demais opostas. Não é *impossível* encontrarmos casos assim, mas é realmente bem raro. A interação "química" entre os elementos parece demandar um ponto comum.

Entender como as "reações alquímicas" se dão não é muito complicado. Tomemos um exemplo ilustrativo: Diogo é um clássico tipo água + fogo, enquanto sua namorada, Aline, é tipicamente água + terra. Diogo e Aline apresentam interseção no elemento água, e esse ponto em comum foi ressaltado logo no primeiro encontro. Ambos sensíveis, profundos e emotivos, possuem notável habilidade para perceber sutilezas que passam despercebidas para a maioria das pessoas. Apreciam a intimidade e desenvolveram, com o passar dos meses, um entendimento quase telepático do que o outro sente.

À medida que o tempo passou, contudo, as divergências ficaram cada vez mais salientes. E os desencontros se deram em decorrência dos elementos conflitivos: o fogo de Diogo "queima" a terra de Aline, que, por sua vez, eventualmente sufoca Diogo. O lado mais extrovertido e otimista da personalidade do rapaz gera desconfiança no temperamento mais realista e cauteloso de Aline. Por sua vez, ela age de modo castrador no que diz respeito aos impulsos criativos do parceiro, por ela rotulados como "maluquices sem sentido". O casal continua junto até o momento, mas precisa administrar as divergências decorrentes dos elementos conflitantes. E, assim como Diogo e Aline, todo e qualquer casal precisa aprender a administrar a interação alquímica dos elementos astrológicos. Casal perfeito, sem problemas, é algo que poderemos encontrar apenas em contos de fadas – cuja perfeição, a propósito, se limita a quando o príncipe e a princesa finalmente ficam juntos. O cotidiano, o passar do tempo e a convivência fazem ressaltar os choques dos elementos. Para o nosso próprio bem, acredito. Relacionar-se, afinal, é o que desencadeia efetivas transformações.

Acessando www.personare.com.br/os-seis-caminhos-do-amor, você poderá inserir seus dados de nascimento e os da pessoa amada e entender um pouco como funciona a interação dos elementos entre vocês. Confira ainda o mapa astral e a combinação de elementos de pessoas famosas nas mais diferentes áreas.

CONCLUSÃO
TRAÇAR INFINITAS HISTÓRIAS

Seria uma enorme pretensão tentar escrever um livro deste com começo, meio e fim. Quando conversamos sobre o amor, a conclusão sempre fica em aberto. Em momento nenhum pretendi oferecer a você, leitor, um manual com respostas prontas, porém espero que este livro tenha servido para instigá-lo a muitas novas perguntas, nem que para isso você tenha que discordar de muito do que aqui escrevi. Na verdade, eu honestamente desejo que você se aproprie deste texto, como Oscar Quiroga diz no prefácio, e o interprete como quiser (e puder). Há tanta diversidade no mundo, como há no amor, que seria tolice de minha parte desejar escrever um manual repleto de regrinhas para todas as pessoas. O assunto não é simplório a esse ponto.

Tentar entender o que é o amor e como ele se manifesta na existência humana é parte indissociável de nossa história. Cada cultura e cada época, a seu modo, tenta entender essa palavra e seus incontáveis significados. E, como não poderia deixar de ser, não escapamos a mal-entendidos. Se, para os gregos antigos, o amor na forma de paixão estava mais para doença que para algo que pudesse ser considerado "bom", não é incomum que cada pessoa também incorra em interpretações bastante sólidas e inflexíveis do que "é" ou "não é" o amor. Ou pior: somos constantemente convencidos de que seríamos mais felizes se... Há sempre um "se". No fim das contas, nem é que sejamos tão infelizes. Em muitos casos, somos felizes e não sabemos. É comum contaminarmos nossa história com falsas complicações.

Escrever o último capítulo deste livro é muito difícil, justamente porque seria possível falar sobre o amor ao longo de incontáveis páginas. Tão infinitas quanto as histórias possíveis e viáveis que nós, seres humanos, criamos em nossos relacionamentos. Assumir a necessidade de limitações é, talvez, a lição derradeira que todos precisamos aprender em nossa temporada neste mundo. Para escrever um livro, eu preciso não apenas saber o que inserir em suas páginas, mas também (e principalmente!) considerar tudo o que preciso manter do lado de fora, já que é impossível encerrar o assunto. E também acontece assim em nossa vida: ou aceitamos algumas limitações, ou estamos fadados à infelicidade.

Mudar ou preservar?

Não podemos ser nem ter tudo. A falácia do poder ilimitado talvez tenha sido uma das mais danosas mentiras criadas e veiculadas em alguns livros de autoajuda nas últimas décadas. Trata-se de uma falácia tentadora, e, admito, isso vende!

Todavia, com o tempo e a maturidade, uma necessidade se impõe: temos que deixar algumas coisas de lado se quisermos ter um mínimo de paz. Se ficamos insatisfeitos com o que não temos (ou, ao menos, com o que não temos no momento), nos esquecemos de usufruir do que está ao nosso alcance. Por exemplo: se seu relacionamento é intenso em *pragma* e *philia*, tal intensidade pode implicar menor força no sentido *eros* ou *pathos* (e vice-versa), mas não necessariamente ausência. Talvez você ache que seu vizinho, que faz tanto barulho à noite, é mais feliz. O erro talvez esteja exatamente no processo comparativo. Note: ainda que o vizinho seja muito feliz, é duvidoso afirmar que tal felicidade seja plena – a não ser por alguns momentos, igualzinho a você. São alegrias diferentes.

Cada dia oferece a oportunidade de traçar uma nova história, contanto que essa nova história seja sua, e não uma tentativa de repetir a alheia. E, quando me refiro a novas histórias, não sugiro necessariamente novos relacionamentos. Podem ser perfeitamente novas histórias com os mesmos personagens. Que, em realidade, nem são os mesmos, como bem salientava o filósofo Heráclito de Éfeso (535-475 a.C.): nada permanece o mesmo, tudo flui, tudo vem e vai, as mutações são contínuas e infinitas. Aprender a navegar no fluxo do rio e gozar do prazer que aquelas águas específicas proporcionam faz parte do amadurecimento de todo ser humano. É bem melhor que lamentar por não estar em outro rio, ou fantasiar que é possível estar em todos os rios do mundo ao mesmo tempo. Com o tempo, um novo fluxo se manifestará, assim como nas relações humanas: Novas pessoas? Novas histórias com a mesma pessoa?

Você e o ser amado transformados com o tempo em algo novo? As possibilidades são infinitas, ainda que nossa passagem pela terra seja finita. E, por termos existência temporária, não deveríamos desperdiçar energia tentando reproduzir as histórias alheias. Até porque você nem sabe como realmente é a história alheia!

Para algumas pessoas, a essência do que escrevo neste capítulo final pode soar irritante, pois, na prática, estou falando em resignação. O problema é que muitos confundem resignação com comodismo ou passividade. Sem dúvida, é preciso lutar contra situações que nos causam dor e nos fazem infelizes. É preciso ainda tomar cuidado com o falso contentamento de quem finge que é feliz apenas por medo de mudar. Resignação é outra coisa. Envolve entender o básico da vida: tudo tem limite. Do mesmo modo que não posso ser médico, astronauta, cantor, dançarino de rua, lutador de *kung fu* e tantas outras coisas que já sonhei, eu posso – e devo – ser o mais pleno possível dentro do que me disponho em minha existência. Nada impede que, em algum momento do porvir, mudemos de estrada. Mas é preciso aprender a usufruir do que temos à disposição, a menos que sejamos *realmente* infelizes nessa dada condição. Enfatizo "realmente" pois, até onde vejo, supostas "infelicidades" não passam de descontentamentos e pequenas frustrações decorrentes de algum tédio pessoal.

Você, e apenas você, poderá decidir se o incômodo que deveras sente é algo que justifica atirar tudo para o alto e mudar de rumo, ou se é preciso aprender a dar valor ao que se tem. Cuidado com textos que insuflam a ideia de felicidade infinita e prometem resultados se você agir de acordo com modelos predefinidos. Nem tudo precisa mudar. Em muitas histórias de amor e felicidade, é preciso mais aprender a valorizar o que se tem do que desencadear transformações radicais. É preciso aprender a preservar o que merece ser preservado tanto quanto aprender a realizar mudanças. Mas como distinguir uma coisa da outra?

Padrões de repetição

Há pelo menos uma medida que me parece razoável para checar se realmente é preciso mudar, e essa medida é a repetição. Suas histórias de amor invariavelmente terminam da mesma maneira? Os mesmos problemas se manifestam? Você atrai pessoas com o mesmo tipo de defeito? Talvez o problema seja seu. Algo em você cria o mesmo tipo de situação, como uma forma de tentar entender o que não foi antes compreendido. É como repetir de ano na escola, só que aqui é a escola da vida. Nesse caso, eu não recomendaria resignação alguma. A mulher que constantemente se sente atraída por homens violentos não deve jamais se resignar a isso. O homem que quase invariavelmente descobre ter confiado em quem era indigno de confiança não tem de aceitar esse fato. É preciso romper o padrão, ainda que não seja nada fácil – e eu estaria sendo profundamente desonesto se afirmasse o contrário. Há algo em nós, em todos nós, em maior ou menor grau, que se atrai pela repetição, e mudar isso não é simples. Podemos mudar de país, mas conseguimos a proeza de entrar nas mesmas trilhas de outrora. E é por isso que nem sempre é possível mudar a própria vida a partir da autoajuda. Ajudas externas podem se revelar bastante necessárias. O que costuma lotar os consultórios de psicanálise, por exemplo, é justamente a repetição. E requerer ajuda externa não é problema algum. Problema, isso sim, é rejeitar o auxílio e se fiar na duvidosa crença de que podemos mudar toda a nossa vida apenas a partir da compreensão do que ensina este ou aquele livro.

Caminhos do amor

Se é importante saber discernir entre o que precisa ser modificado e o que deve ser preservado, ainda mais relevante é ter consciência do que você busca e, assim, buscar. Se a tese de John Lee está correta (e aposto que está), não é muito relevante que os gostos sejam semelhantes ou opostos, mas é importantíssimo que as pessoas envolvidas em um relacionamento estejam vibrando na mesma frequência no que concerne às faces do amor.

Desejo, então, que você procure sua turma e pare de achar que tem algo de errado com você por amar de um jeito diferente do de outras pessoas. Há quem dê muita importância ao sexo, e isso não é problema, contanto que haja consentimento mútuo. Há quem dê menos importância ao sexo e, se isso não decorrer de traumas, medos ou bloqueios, também não há problema. E daí que alguém se interesse menos por sexo? Há quem aprecie relacionamentos em que não haja segredinhos entre as partes. E há quem só aprecie relações em que um alto grau de privacidade seja mantido. Quem está com a razão? Quem ama do jeito certo?

Todos.

Ninguém.

Por querermos corresponder a modelos predefinidos, nos colocamos em situações infelizes. Insistimos em histórias com pessoas cujas prioridades são outras. Pior: tentamos forçar os outros a mudar e ser mais do jeito que imaginamos. Mas, bem, se eu quero que o outro mude tanto assim, na verdade não é dele que eu gosto, não é? Qual o medo, afinal, em deixar ir quem não tem a ver conosco, se abrindo para outras pessoas cujos caminhos sejam similares aos nossos? Mais: Qual o medo em aceitar que, em muitos casos, somos bastante felizes e não é preciso nenhuma "grande transformação", mas tão somente reconhecimento do que temos a nosso dispor?

A história é sua, e dela você sabe melhor que eu. O amor, em suas seis manifestações, opera em todos os relacionamentos funcionais, ainda que as seis formas não se manifestem sempre com a mesma intensidade. Uma boa dica para saber se um relacionamento não tem mais a ver é a seguinte: Há alguma das faces do amor que não se manifesta de jeito nenhum? Então está na hora de partir para outra.

Relações sem *pathos* são frias, tediosas. Sem *pragma*, ilusórias, carecem de planejamentos e metas. Sem *agape*, são egoístas, mesquinhas. Sem *eros*, não há tesão – e o melhor nesse caso é ser amigo. Sem *philia*, não há respeito mútuo nem intercâmbio intelectual: é sexo e adeus. Sem *ludus*, as relações são chatíssimas. Se não dá para ter tudo em igual intensidade, ao menos um pouquinho de cada é preciso ter. E com esse pouco, quando se manifesta, podemos fazer muito.

E é por isso, e tão simplesmente por isso, que toda história pode – e deve – ser continuamente renovada. Contanto que seja a sua história, e você cesse de tentar corresponder aos modelos e manuais que os outros tentam lhe impor como corretos. A história é sua e de mais ninguém. Assumir sua responsabilidade sobre ela (mesmo que o outro não faça o mesmo) é o primeiro passo para continuar a escrevê-la. Mesmo que em algum ponto você precise começar tudo de novo. E quem não precisa?

Você não está só. Porque, neste exato momento em que lê minhas palavras, neste preciso e único momento, uma história de amor começa em algum lugar do mundo, enquanto outra termina e tantas outras seguem no fluxo infinito do rio da vida. E foram necessárias milhões de histórias de amor para que você existisse. Como, então, não crer que o amor é possível?

Sua existência é a confirmação disso. Você é o magnífico, imprevisível e miraculoso resultado de incontáveis encontros. Sim, o amor é possível, e apenas uma coisa lhe é exigida em troca:

 Seja você o autor de sua história.